U0580058

《朝花夕拾》答问录

语文答问书系

丛书主编 李怡
丛书副主编 毕于阳 罗鹭

李怡 毕于阳 著

北京师范大学出版集团
BEIJING NORMAL UNIVERSITY PUBLISHING GROUP
北京师范大学出版社

“语文答问书系”总序

清同治十三年，即1874年，张之洞任四川学政之时，为回答、指导求学者，编撰了《书目答问》一书，正文五卷，附录二卷，囊括书目2200余种。该书初刻于光绪二年(1876)，曾多次翻刻重印，从民国到新中国，又有多位学者继续补订，推出“补正”。当然也有传说原书系张之洞委托藏书家、目录学家、史学家缪荃孙代撰，但无论如何，这部出身显赫的著作已经被公认为近代以来影响巨大的国学书目，开启了近代推荐书目的潮流。

《书目答问》按经、史、子、集、丛书5部分类编排，除了重要图书有精要按语，对阅读方法提示指导外，大多数内容还是版本、著者信息，而不是关于“读书”过程与细节的详尽“答问”。这里所体现的其实是中国古典学术与传统教育的基本形态，原道宗经是一切文化传承和知识传播的起点，对历史经典崇高性的顶礼膜拜是新一代“学习”的基本姿态，所以照章读书、依例研习是每一位求学者的必修课。在这里，遵循传统、依傍经典显然要比“自作主张”“胡思乱想”更符合规矩，所以书目虽有“答问”，但其本身的研习还是重心和关键。

“书目式教育”在今天依然发挥着知识传承的功效，但是更应该看到，这样的传统在现代教育兴起的时代遭遇了挑战，因为新时代突破了“旧书目”的知识边界。“书目式教育”能否满足人的全面发展的需要？这是新的问题。科举终结之后，我们所需要的知识已经远远超过了治国资政，声光电化、宇宙人生无一不在我们的求索之中，就是伦理修身，也在很大的程度上跨出了儒家道德的范畴。面对无限浩瀚的人类文明世界，有限的原道宗经已经不敷应用，知识、思维及方法都正在发生前所未有的革新。“学习”突破了传统的“书目式”，成为自主探索、自我释疑的一种过程，真正普遍的“答问”成为教育的常态。正如历史学家蒋廷黻在《高等教育的一方面》中所说，“近代教育的范围是无限制的”，“现在我们的知识阶级简直以整个宇宙为其求知的对象”，而“各种西方的人文科学和社会科学及其工具方法，都是此前传统教育中所缺乏的”。①

当代语文教育当然也是如此。现代教育意义上的“语文”除了具备专门性的语言文学的知识传输功能，同样包含更加丰富的关于宇宙、人生的情感和想象。特别是作为生命启蒙重要功课的基础语文教育，更是“全人教育”的重要开始。当代中国的基础语文正在开展的一系列改革，都在不同的方向和程度上体现了这样的“全人教育”的努力。而一个生命的全面成长，自然会伴随着无数的疑问。如何答疑解惑，是师长的责任，也是学者的追求。“书目式教育”的总体格局逐渐让位于“答问式教育”的总体格局。

“语文答问书系”由此诞生，我们希望倡导一种师生之间的“答问式教育”模式，学生可以不断向教师提问，教师之间可以相互提问，学生之间的讨论可以存在不同的答案。当然，回答问题的人也是多种多样的：学者、教师自然需要回答，学生自己也可以尝试作答。持有不同观点的人可以相互交流、切磋，这可能才更加贴近现代教育、全人教育的本质。

---

① 蒋廷黻：《高等教育的一方面——对台大的一项建议》，原载《自由中国》第九卷第四期(1953 年 8 月 16 日)。

在传统的教育程序中，老师、导师拥有绝对的指导资格，几乎就是所有问题的唯一正确的“答问”人。但是鲁迅却特别提醒我们不能迷信“导师”，他说：“要前进的青年们大抵想寻求一个导师。然而我敢说：他们将永远寻不到。寻不到倒是运气……”他还说：“青年又何须寻那挂着金字招牌的导师呢？不如寻朋友，联合起来，同向着似乎可以生存的方向走。”[①]这是在提示我们，与其迷信前辈导师的结论，不如学会自己提问、自己求索，“立人”之道于此存焉。

“语文答问”的教育尝试来源于中国鲁迅研究会基础教育分会持续多年的一种努力，也就是让高等院校、科研机构的鲁迅研究学者能够与基础语文界的师生共聚一堂，同讲一门鲁迅课，同评鲁迅的文学作品，让中国鲁迅研究的前沿话题进入中学语文的课堂，也让高校学者来回答中学师生的语文疑惑。经过十余年的探索，一个基于“鲁迅课文”的“交流共同体”已经初步建成。今天，我们“语文答问书系”的推出可以被看作对这一共同体的积极扩展和充实。

① 鲁迅：《华盖集·导师》，见《鲁迅全集》3卷，58～59页，北京，人民文学出版社，2005。

我们相信，当连续不断的“提问”和“答问”开始成为学习的日常之时，我们的当代语文教育将释放出真正的活力。

李　怡

2024 年新春于成都长滩一号

代序：问疑和答问

——以《〈朝花夕拾〉答问录》为例

刘　纳*

一

李怡、毕于阳二位老师合著了《〈朝花夕拾〉答问录》。李怡说："《朝花夕拾》的阅读完全可以从我们不断升起的疑问开始。"

为什么有疑问？因为不理解、不明白，即通常所说的难懂。

看到过题为《请鲁迅走出中学课堂》的文章。"请走出"的理由是：鲁迅作品难懂，不适合中学生阅读。

懂，以及难懂和易懂，并没有固定尺度。懂多少，无法量化。

---

* 刘纳，著名学者，华南师大文学院教授，在中学、大学及中国社科院等单位工作多年。

汉语训诂学包括对字词的声训、形训、义训，前两项比较容易获得通训，而义训多分歧。陈寅恪说："依照今日训诂学之标准，凡解释一字即是作一部文化史。"(1936年4月18日致沈兼士)几百年前有人解释一个字，后来的人从不同角度、不同层次另作解释。一个字尚且如此，一篇文、一本书更是如此。谁懂，谁不懂？

西方阐释学认为作品的意义通过阐释实现，于是有了对经典作品各展其长、不断更新的阐释。谁懂，谁不懂？

难懂，就不能读吗？鲁迅回忆他青年时代与《天演论》相遇的直感：

> 哦！原来世界上竟还有一个赫胥黎坐在书房里那么想，而且想得那么新鲜？一口气读下去，"物竞""天择"也出来了，苏格拉第，柏拉图也出来了，斯多噶也出来了。

这段叙述出自收入《朝花夕拾》的《琐记》，此文的中间部分可以看作鲁迅在江南水师学堂和矿路学堂(大致相当于中专吧)自由阅读的"读书记"。

对于此前只读中国书的鲁迅，《天演论》未必易懂，而他仍然怀着新鲜感读下去。

如果梳理鲁迅与进化论的关系，可以写长长的文章。崇信、服膺、扬弃、质疑，鲁迅思想形成和变化过程中，《天演论》始终没有缺席。他 18 岁时与《天演论》的相遇可称奇遇，初次相遇所体验的稀奇感、震撼感是日后多么深刻的认知也无法替代的。

我曾问一个初中生读鲁迅作品的感受，他说："有些古怪。"

百年前，尚未使用"茅盾"作笔名的沈雁冰以批评家特有的敏感指认了鲁迅作品的"古怪"。他初读鲁迅第一篇白话小说——日后被视为新文学开山之作的《狂人日记》，就感受到鲁迅作品的"古怪""极新奇可怪"（《读〈呐喊〉》）。

鲁迅是现代中国独异的存在，他的思想的独异性通过独异的语言方式显现，他与众不同的语言质地、语言张力和词语组合方式使他的文字有很高的辨识度。

现今的少年读多了容易归纳"中心意思"的文章，读惯了顺滑、平滑的文章，面对鲁迅作品生发出"古怪"的感觉，正表明初中生已有能力辨识鲁迅作品的独异——虽然可能对于小孩来说，还不是"很容易看懂"。

至于鲁迅七岁时他爹让他背诵的《鉴略》，“因为可以知道从古到今的大概。知道从古到今的大概，那当然是很好的，然而我一字也不懂。”(《五猖会》)无论懂不懂、懂多少，私塾课堂外的阅读都垫高了鲁迅少时心智成长的基石。

鲁迅晚年对请教读书事的少年说：“专看文学书，也不好的。……我希望你们不要放开科学，一味钻在文学里。”而文学类的书也要读的。鲁迅说起他“看见过”的“印给孩子们看的书”：“看了无害的就算好，有些却简直是讲昏话。”(1936 年 4 月 2 日、4 月 15 日致颜黎民)近 90 年过去了，如今“印给孩子们看的书”怎样呢？出版者往往低估孩子们的阅读力和理解力，仿佛小学生只能读以儿童和动物为题材的故事，初中生只适合读为其定制的作品。

这一批青少年正逢轻阅读时代，在课业繁重的同时又容易被网络劫持。神经科学家的研究表明：只看些令人轻松舒适的图文，会导致神经元密集的脑灰质区域逐渐变薄，前额叶、脑岛出现不同程度的退化，于是思考能力、认知能力、共情能力下降。

1934 年，针对当时的儿童书刊，鲁迅写道：“孩子是可以敬服的”，“然而我们是忘却了自己曾为孩子时候的情形了，将他们看作一个蠢才”(《且介亭杂文·〈看图识字〉》)。孩子不是“蠢才”，而初中生正该拥有充盈的好奇心和丰盈的想象力，挑战有难度的阅读和轻轻松松地看些书不一样。孩子们可以浏览《DK 文学百科》，拣选经典名著直接阅读。

初中少年阅读鲁迅作品，即使感觉着“古怪”，即使半懂不懂、似懂非懂，也能在个人阅读史上留下浓重的印迹。

鲁迅的作品向他身处的时代也向后世敞开着，显示出强劲的、神奇的召唤力量。李怡说：“我们的提问就是一种回应的方式。”

二

《朝花夕拾》这书名，在鲁迅所有著作中最富诗性意味——隽永而美妙。

“朝”与“夕”之间，相隔着岁月，相隔着人生路途的层峦叠嶂。

鲁迅在《小引》中写道：“带露折花，色香自然要好得多，但是我不能够。便是现在心目中的离奇和芜杂，我也还不能使他即刻幻化，转成离奇和芜杂的文章。”

《朝花夕拾》正是旧事的“幻化”，有些“离奇”，有些"芜杂"。

从"朝"至"夕"，即从童年、少年、青年至老年，鲁迅经历了什么？人民文学出版社将《朝花夕拾》作为"语文阅读推荐丛书"之一种，其"延伸阅读"栏目中有鲁迅写于1925年、增补修订于1930年的《自叙传略》。他叙述了自己的地理途程：绍兴—南京—东京—仙台—杭州—绍兴—北京—厦门—广州—上海。与地理途程相伴的，是精神途程。1925年，鲁迅回望"朝"与"夕"之间的心路：

> 我的心也曾充满过血腥的歌声：血和铁，火焰和毒，恢复和报仇。而忽而这些都空虚了，但有时故意地填以没奈何的自欺的希望。希望，希望，用这希望的盾，抗拒那空虚中的暗夜的袭来，虽然盾后面也依然是空虚中的暗夜。然而就是如此，陆续地耗尽了我的青春。(《野草·希望》)

体验了"血和铁，火焰和毒，恢复和报仇""希望""空虚"以及"抗拒""暗夜"之后，经历了"呐喊""彷徨"并祭献出"一丛野草"(《野草·题辞》)之后，鲁迅实现了另一个自我的确立。

因而，夕阳照射中的鲁迅捡拾“朝花”并非独语，也并非自我对话——作为心理学的专业术语，“自我对话”属于治愈系的精神治疗（参见比尔·韦恩的《自我对话的力量》和贝莉·恩格尔的《与内心的自我对话》），而鲁迅一向对精神分析和心理治愈不感兴趣。

《朝花夕拾》形成了生命的对话，老年鲁迅分别与童年鲁迅、少年鲁迅、青年鲁迅对话。多重对话使作品混搭着多重视角。

李怡提醒读者，收入《朝花夕拾》的文章属文学创作，不宜推究细节的真实性。

鲁迅在《小引》中写道：“这十篇就是从记忆中抄出来的，与实际容或有些不同，然而我现在只记得是这样。”

记忆具有选择性和过滤性。时光的淘洗会使记忆龟裂成碎片，也会使碎片化的细节洇开重组。一次次的回忆难免渗入想象，改写着当年的人和事。

英国作家赫德逊回忆童年的长篇散文《远方与往昔》极负盛名，被称为现代自传文学中最伟大的作品之一。但赫德逊率直承认：“一个人要准确无误地回忆自己童年时的情景是很困难的，据说也是不可能的。在成年人的头脑里，儿时已不可能是表面上的那个样子。

因为我们无法摆脱我们目前的身份，不论我们留恋过去之情有多么深厚，我们追忆往事必然要带着目前的自我一道回去，而我们的心已经染上了不同的色彩，这就会反映到我们的往事上去。”

写作《朝花夕拾》时，鲁迅的心“已经染上了不同的色彩”。斑斓的色彩映照着旧事，因而他的回忆“与实际容或有些不同”。并且，当记忆被激活后，他不时旁逸斜出地评说现实中的人和事。

鲁迅的文思像搭乘了日本漫画家藤子·F. 不二雄《哆啦 A 梦》中的航时机，自由地来回穿梭于过去、现在和未来。而我们阅读《朝花夕拾》也像搭乘航时机，跨越时空去与童年鲁迅、少年鲁迅、青年鲁迅、老年鲁迅相遇。

三

人教版初中语文教材选入 9 篇鲁迅作品，其中 3 篇出自《朝花夕拾》：《从百草园到三味书屋》《阿长与〈山海经〉》《藤野先生》。

我在网上看了几个中学教师讲授《从百草园到三味书屋》的教案。

有一份教案设计了如下教学目标：“要引导沉重思

考：文章通过百草园和三味书屋两种生活表现了怎样的主题？要使学生认识到封建教育对儿童身心的束缚。”

有一份教案要求学生做选择题：是“自由的百草园生活衬托三味书屋的枯燥”，还是“前后两部分是和谐统一的关系”？

我想了想，还是没能力简捷地二选一。而初中生面对这题目，只能先记住教师提供的说法，因为考试时的阅读理解题是预设了标准答案的。

考试有标准答案，阅读则没有。

在人生的“夕”忆“朝”，鲁迅写下《朝花夕拾》。而我们在“朝”、在“夕”、在“朝”“夕”之间读这本书，读后感很可能大不一样。

作为个体的读者对鲁迅作品的“懂”可能是漫长的、动态的过程，如同鲁迅对《天演论》的理解是动态的。

我浏览了豆瓣、知乎、“朝花夕拾吧”（百度贴吧）的几百则书评、短评、问答，见到很多读者说自己年少时读这本书和年长些再读，感受和理解的向度有差异。

一位豆瓣网友写道：“小时候读《朝花夕拾》，读的是有趣。大了再读，才能体会其中的意味深长。”

“有趣”的新奇感和“意味深长”的深沉感并不能互相替代。《从百草园到三味书屋》或许是《朝花夕拾》诸篇中最容易“懂”的，初中生能看到与自己不一样的童年。百草园有油蛉、蟋蟀、蜈蚣，还有会“从后窍喷出一阵烟雾”的斑蝥，读者即使没见过这些小动物，也能感受“无限趣味”。未必童年鲁迅享受过很强的趣味感，在回忆中，趣味变得“无限”了。未必这些小动物那么有趣，而鲁迅写得非常有趣。在当今的初中生看来，被说成“枯燥”“封建教育”的三味书屋也很有趣吧。向“一只很肥大的梅花鹿”画像行礼，“捉了苍蝇喂蚂蚁”，“大家放开喉咙读一阵书，真是人声鼎沸”……这些都是多么有意思的事。三味书屋的老师，一个仿佛古板的老头，摇头晃脑地读着“铁如意”“金叵罗”什么的，也很有意思啊。未必童年鲁迅觉得有意思，回忆能使没意思的事生发出意思。而且，是鲁迅写得有意思。

少时阅读《从百草园到三味书屋》能读出“有趣”，却难读出伤逝的苍凉。中国古代文学艺术中有苍凉的情调，现代也有。比如丰子恺第一幅公开发表的漫画《人散后，一钩新月天如水》，画了亭子、桌子、椅子，桌子上摆一个茶壶、四个茶杯。人呢？散了。《从百草园到三味书屋》开头写百草园连同房子一起卖了，结尾写在三味书屋上课时画的画当年就已经卖了。都卖了，散了。这篇散文的最后一句话是：“这东西早已没有了罢。”如果初中少年读不出“卖了”“没有了”蕴含的凄清落索，也无妨。

长妈妈讲的美女蛇和飞蜈蚣的故事当真能使童年鲁迅领悟“做人之险”吗？有可能是他日后的体认。今天的初中少年如果只感受到故事的有趣，而难以因这故事而懂“做人之险”，也无妨。

李怡提醒：“不能在没有自己感受的前提下匆忙阅读他人的观点，囫囵吞枣，追求快速获得答案，那么一来，我们很可能错过了深入体察鲁迅精神世界的机会，包括我们这一册的《答问录》，也必须作为同学们解疑释惑的参考，它本身并不能代替我们直接面对鲁迅文字的感受。”

年少时“直接面对鲁迅文字的感受”很宝贵。倘若积累了阅历和人生经验之后（比如鲁迅所说的“上三十岁”），对鲁迅作品另有所思、另有所悟，读出了“意味深长”，也并不能因此而轻蔑少时的阅读直感。

四

前面说到不同时代读者面对鲁迅作品的“古怪”感，

而《朝花夕拾》最后一篇所写的范爱农则属比较“古怪”的人——初中少年阅读《朝花夕拾》时，可能感觉《范爱农》这篇比较不易懂。

怎样理解和评论范爱农只活了29岁的人生？不但初中少年难懂，耄耋之年的我仍然难懂。

范爱农的性格和行事方式与众不同。一个没做过坏事的人，却被“大家”讨厌。东渡日本留学时，他也曾豪情满怀吧。他为武昌起义、绍兴光复兴奋过。他做了监学，“办事，兼教书，实在勤快得可以”，而后，“景况愈困穷，言辞也愈凄苦”，“在各处飘浮”。他的人生结局是“淹死了”。

《范爱农》以一则令人惊骇的新闻开头：“安徽巡抚恩铭被Jo Shiki Rin刺杀，刺客就擒。”接着写到更惨烈的事：秋瑾被杀，徐锡麟被挖心。那是1907年，鲁迅26岁，范爱农24岁，他们相识的著名同乡已经做了烈士，范爱农还是徐锡麟的学生。鲁迅忆起去接新来的同乡时，第一次见到范爱农：“这一群里，还有后来在安徽战死的陈伯平烈士，被害的马宗汉烈士；被囚在黑狱里，到革命后才见天日而身上永带着匪刑的伤痕的也还有一两人。”20多岁的鲁迅和范爱农接近过那么多烈士和志士。当初中少年被文章带到遥远的动荡年代、革命年代，不容易“懂”范爱农的人生选择和心境。范爱农落水而死，“究竟是失足还是自杀”？在菱荡里找到的范爱农尸体竟“直立着”，太令人惊悚。这些事距当今少年太远——不仅有时间距离，更有心理距离。但阅读《范爱农》，我们知晓了百多年前有过的风云年代——鲁迅的叙述与历史教科书的简明书写有所不同，知晓了那时代的烈士、志士和范爱农这样的另类人物。

《范爱农》涉及的人和事太多，初中少年携带着阅读直感和疑问再去读《〈朝花夕拾〉答问录》，会知道更多一些。

《朝花夕拾》中有些文字是鲁迅从回忆生发出的感悟，体现着他独具的透彻和犀利。举个例子，《无常》里有这样的段落：

> 想到生的乐趣，生固然可以留恋；但想到生的苦趣，无常也不一定是恶客。无论贵贱，无论贫富，其时都是“一双空手见阎王”，有冤的得伸，有罪的就得罚。然而虽说是“下等人”，也何尝没有反省？自己做了一世人，又怎么样呢？

李怡在《答问录》中解释：“这是站在一个成年人的

立场上继续申说无常的趣味，无常固然是生命的终结者，但是同时也是生命苦难的终结者，对于清醒的成年人，同样是可以接受的。”

是的，鲁迅此议论“站在一个成年人的立场上”，而接受者也须是“清醒的成年人”。被无常勾去的死以及死之前的生，生的“乐趣”与“苦趣”，关联着鲁迅思想最深的层次：“绝望之为虚妄，正与希望相同。”(《野草·希望》)反抗绝望即反抗虚妄。这，初中少年尚不须懂。

李怡在《答问录》的《后记》中说：“我的回答仅仅是我此时此刻对鲁迅的一种个人理解，其中肯定有不少误读。”

“误读”之“误”指偏离作者原意，在阐释中具有正当性。意大利作家安伯托·艾柯题名《误读》的著作，以仿讽风格故意颠覆对经典作品的经典阐释，被视为一本奇书。而鲁迅的故事的误读性戏仿，我们都可能误读，也不必在意自己是否误读。

再重复一遍李怡的话：“《朝花夕拾》的阅读完全可以从我们不断升起的疑问开始。”疑问产生于思考，敷衍式的惰性阅读不会有疑问。以疑问始，却不必以求得答案终。问疑、答问、究问、追问，不断激活我们对鲁迅作品的理解，也链接着我们心智的提升。

目　录

《朝花夕拾》可以这么提问

《朝花夕拾》是鲁迅先生的散文代表作，也是鲁迅唯一的一部回忆性散文集。其中很多篇章入选中学课本，成为中学语文的名篇。如今，又被列入了中学语文“整本书阅读计划”，值得我们细读，当然也值得“提问”。

《朝花夕拾》的写作和出版持续两年多的时间。最早的创作从1926年2月开始，到同年11月结束。这些文字最初以《旧事重提》为总题，陆续发表于《莽原》半月刊。1927年7月，鲁迅在广州重新加以编订，并添写《小引》和《后记》。1928年9月结集时改名为《朝花夕拾》，由北京未名社出版。从儿童、少年到求学时代的青年，《朝花夕拾》的故事几乎概括了鲁迅中年以前的重要经历，内容丰富、文笔生动、意趣盎然。不过生动的不仅仅是这些故事的内容，文集的标题本身也意味深长：早晨的鲜花，在傍晚收拾起来。这也就是说：过去的早年的故事，在人至中老年的时候整理出来。结集定名于1928年，这一年鲁迅47岁，年近半百。对于鲁迅这样一个少年早熟又历经变故的人而言，显然更多了一份沧桑之感，故有“夕拾”之叹。从这个意义上看，《朝花夕拾》的标题是充满了情感色彩和表现力的。

文学的本质归根到底是一种“寻求对话”的努力，写作者通过文学的表达来自我倾诉、寻找回应，培养关于人生和世界的“同理心”。那些充满情感色彩、富有表现力的文学作品更是怀有一种强烈的对话诉求，这在《朝花夕拾》的题材、内容、语态甚至作家情不自禁的补充解释中都有生动的表现。作为“回应”者的我们当然也会在这样的氛围中被充分激活，生发出诸多好奇和疑问。我们都是鲁迅渴望交流的读者，面对先生热切的期待，我们的提问就是一种回应的方式。

此外，我们设计“整本书阅读计划”的初衷也包括获得读者对文本细节的深入探究和追问。当然，今天的中学生在跨越不同时代的知识间隔与感受沟壑、抵达20世纪20年代的人生与情感时，会产生各种各样的疑问。由此，《朝花夕拾》的阅读完全可以从我们不断升起的疑问开始。我们的回答当然不等于就是鲁迅本人的解释，但可以营造这样一个多人交谈的氛围。在这里，我们谈论的是鲁迅的情感和思维。我们谁也代替不了鲁迅本人，却可以透过对鲁迅写作的推测和还原慢慢重建一个写作的场景。在这样的场景中，我们仿佛和鲁迅围炉煮茶，共话当年的故事。

所以说，《朝花夕拾》是可以自由提问的。自由自在的提问和回答让我们目睹了清末民初的清晨，慢慢感受鲁迅的情感、思维，还有呼吸。

《小引》答问

1. 小引与序言有什么区别？

答：小引一般是诗文前面的简短说明，叙述写作活动的起源，引出正文。序言的功能有时候与小引类似，它也是放在著作正文之前的文字，所以也称引言。不过，一般说来，序言的文字相对较长，内容也更丰富。它既可以说明著作的内容，也可以交代写作的缘由、经过、旨趣和特点。比较而言，因为文字较长，序言常常可以单独作为一篇有特色的文章存在，而小引一般言简意赅、简洁明了、点到即止。

2. "我常想在纷扰中寻出一点闲静来"中的"纷扰"具体指什么？为何用"寻"字？作为开头语，这句话与全书的基调有怎样的关系？

答："纷扰"是鲁迅对从女师大事件以来的各种人生遭遇的概括：与腐败教育体制的矛盾，与学院派的纠葛，也包括经历了大革命的热烈和国共分裂的血腥。从北京、厦门到广州，各种人际纠纷和现实政治的变乱等可谓纷扰不断、事变频频。"寻"是一种刻意的主观努力，可见现实世界已经失去了宁静，偌大的中国安放不下一张平静的书桌。鲁迅所渴望的“闲静”得在精神深处去寻找，或者说需要自己建构，这样就揭示了全书注重内在精神现象的特点。

3. “一个人做到只剩了回忆的时候，生涯大概总要算是无聊了罢”，究竟要表达一种怎样的心绪？

答：这是表达对现实生活的不满，也就是说，现实世界很难让自己心中的理想实现，自我的精神寄托只好放在对过去的“回忆”上，这种充满失望的现实生活足以让人倍感“无聊”。这是一种无奈之叹，表达了鲁迅对当时社会现实的批判。

4. “世事也仍然是螺旋”应怎样理解？

答：“螺旋”就是某种方式的生活景象的重复。鲁迅在北京遭遇过战乱，在厦门也听闻了战争机器的轰鸣，纷乱的现实一再重现。

5. 为什么“现在是，连这‘一觉’也没有了”？

答：《一觉》是鲁迅1926年4月10日所作的，是他在“三·一八”惨案后颠沛流离的避难生活中对青年理想的书写。军阀混战、世事阴晦的岁月里，鲁迅为《浅草》《沉钟》的青年创作群体而振奋，发出了由衷的赞叹。而在国共分裂、国事迷茫的时日，鲁迅陷入了深切的失望之中，他不再能够从周边的青年中发现当年的理想，也无从获得自我振奋的力量。

更重要的是，正是广州革命队伍的自我分裂让鲁迅对青年这个他过去十分信任的群体产生了深深的失望："我一向是相信进化论的，总以为将来必胜于过去，青年必胜于老人，对于青年，我敬重之不暇，往往给我十刀，我只还他一箭。然而后来我明白我倒是错了……我在广东，就目睹了同是青年，而分成两大阵营，或则投书告密，或则助官捕人的事实！我的思路因此轰毁，后来便时常用了怀疑的眼光去看青年，不再无条件的敬畏了。"（《三闲集·序言》）

6. 处于"纷扰"之中的作者为何颇有闲情逸致地描写书桌上的"水横枝"？这样的描写有什么意味？

答："水横枝"是广东一带的盆景，本身是生命青葱、生机勃勃的意境表达，这是人们寻求人生意趣的正常选择。鲁迅在"纷扰"的世界中特意着墨于这一鲜活的生命意象，体现了他摆脱现实困境的努力，这与上文"我常想在纷扰中寻出一点闲静来"意义相同。

7. "真是虽生之日，犹死之年"，作者怎么会有这样的感慨？

答：这句话中给人留下深刻印象的是"生""死"二

字，这是经历了广州大革命的火热与国民党清党惨剧之后的特殊体验。“生”是理想的追求，“死”却是冷峻的现实，鲁迅将两者相互对照，描述的就是这样一个残酷的时代和价值颠倒的社会。

8. 文章结集时，作者为何要将“旧事重提”改为“朝花夕拾”？后者比前者好在哪儿？

答：“旧事重提”仅仅是对现象的描述，“朝花夕拾”则寄予了感情的回望和缅怀的深情。这样的改动，是作者不断自我发掘、提炼思想追求的过程。《朝花夕拾》从文章发表到最后定名、补写《小引》、结集出版等有一个发展演变的过程，时间长达两年，作者的用意和思想也在不断调整，以寻求最准确的自我表达。

9. “带露折花，色香自然要好得多”有怎样的寓意？

答：“带露折花”刚好与“朝花夕拾”相反，指的是对当下生活见闻的描写。这样的描写可能与现实更贴近，也更能引发人们的兴味，就是所谓“色香自然要好得多”。只是鲁迅无意在此陶醉于这样的兴味，所以他愿意沉淀现实、反刍经验，在“朝花夕拾”中挖掘历史深处的启示。

10. “现在心目中的离奇和芜杂”中的“离奇和芜杂”具体指什么？与开头句中的“纷扰”是一回事吗？

答：“离奇”这里特指现实世界中发生的那些出人意料、超出正常逻辑的事件，例如革命队伍内部的杀戮，就像鲁迅在《三闲集·序言》中所说的“我是在二七年被血吓得目瞪口呆”，他又说：

> 我在广东，就目睹了同是青年，而分成两大阵营，或则投书告密，或则助官捕人的事实！我的思路因此轰毁，后来便时常用了怀疑的眼光去看青年，不再无条件的敬畏了。

“芜杂”也是指当时现实的混乱，应该说这也是“纷扰”的一部分。但鲁迅的“纷扰”却不止于广州时期的体验，而是一个较长时段的人生体验。

11. “离奇和芜杂的文章”是什么样的文章？为什么要写这样的文章？

答：“离奇和芜杂的文章”这里恰恰是相对现实世界的“离奇和芜杂”而言，也就是说，眼前刚刚经历的出人意料的种种血腥和变乱还不能如实呈现，需要沉淀。或者说，现实的残酷也暂时不允许自由表达对这些血腥和变乱的直接观感。这也就是鲁迅所说的：

> 我是在二七年被血吓得目瞪口呆，离开广东的，那些吞吞吐吐，没有胆子直说的话，都载在《而已集》里。（《三闲集·序言》）

12. “他日仰看流云时，会在我的眼前一闪烁罢。”这样的诗意语言表达别致、富含哲理，该怎样理解其中的内涵？

答：“仰看流云”刻画的是一种闲适的心境、超然世外的状态。但即便是在如此的闲适时刻，那些曾经的“离奇和芜杂”也可能“在我的眼前一闪烁”。就是说，这曾经的见闻已经如此刻骨铭心，将在任何不经意的瞬间飘散出来。这是鲁迅艺术地传达了自己无法忘怀的现实体验，他表达的是一种自相矛盾的心境：人渴望超脱世俗的闲适，但残酷的现实依然挥之不去。这样矛盾的事实折射出了人的挣扎，以及挣扎不得的酷烈体验。这样的语言的确富有诗意，但是也得注意，它可不是传统文学那种忘情山水的诗意，而是现代主义式的残酷诗意，其内部充满了矛盾与张力。

13. 为何要写“忆起儿时在故乡所吃的蔬果”？而且说“曾是使我思乡的蛊惑”“也许要哄骗我一生，使我时时反顾”，这究竟要表达怎样的情感？为何要用“蛊惑”“哄骗”这样的字眼？

答：这是鲁迅暂时超越现实，从历史的记忆中挖掘人生启示。鲁迅相信，中国现实的奥秘可以从对历史的咀嚼中获得答案。但是这样的历史追忆又是饱含自己的感情的，“蛊惑”与“哄骗”指的就是饱含主观性的历史印象。鲁迅愿意保存这种主观性，甚至愿意在这种主观色彩浓郁的历史故事中寻求精神慰藉，将精神慰藉作为抵抗现实和绝望的一种方式。

14．“从记忆中抄出来的，与实际容或有些不同，然而我现在只记得是这样。”其中的“不同”是客观使然还是有意的处理？“记忆”与“回忆”有区别吗？

答：既然这是文学创作，“不同”当然既是客观使然又是有意的处理。前者来自人类记忆固有的修改功能，后者是文学创作的正常处理。与其说“记忆”与“回忆”有区别，不如说所有对过去的讲述都不可能是对历史的原样记录。现实的体验在不同程度上参与了对过去的塑造，鲁迅对此已经有十分清醒的认识。他并不刻意回避这一参与性，而恰恰自如地发挥了这样的参与功能，让历史的回忆充满了现实的指向。

15. “文体大概很杂乱”是以什么文体为参照的？为何说“杂乱”？

答：文体是指现实中人们对文学规范性的定义，也就是文章中所谓“中国的做文章有轨范”；“杂乱”则是鲁迅的一种有意识的追求，他寻求的就是对这种规范的突破，更自由地表达自己的精神体验。在文学史上，鲁迅是著名的创造文体的“文体家”，就是说他善于打破固有的文体规范和习惯，创造出新的表达体式。“杂乱”就是跨界融合。

16. 作者分类交代了十篇文章写作的不同处所和环境，除了在客观上表明具体事实，还有什么用意？

答：这是进一步提醒读者这些历史记忆的“生成环境”，即哪些具体的人生体验参与了过去的记忆书写。其中的用词十分耐人寻味：北京、流离、厦门大学、学者、集团，它们共同构成了鲁迅人生的“遭遇”。

17. “被学者们挤出集团”是指怎样的背景故事？

答：学者是指学院派知识分子，也就是鲁迅所厌恶的“正人君子”们，他们常常以公正、学问的名义维护现实政治的秩序，对弱小者、一切新生的“异端”横加挞伐，是鲁迅一生努力揭露的既得利益群体，在女师大事件、“三·一八”惨案、厦门大学人事纠纷中都有生动的体现。

18. 这篇《小引》虽然篇幅不长，却简直就是一首意味浓郁、含蓄隽永的散文诗。该怎样准确把握和详细鉴赏这样的语言风格？

答：我以为最大的奥妙就在于作者能够将十分丰富的人生感受融化在看似“闲笔”的抒怀之中：篇幅虽短，却包含了女师大事件、“三·一八”惨案、与学院派知识分子的思想冲突、厦门大学人事纠纷、在广州革命大本营经历的热烈与血腥恐怖等。所有这些足以颠覆“三观”的人生变幻，却与案头的“水横枝”动静相生。同时，对现实的感触还与故乡及童年遥远的乡情贴合在一起，从而在跨越时空中形成内蕴丰富的文字，引发读者无穷的想象。

19. 作者写作《小引》时和创作十篇正文时的心情有明显变化吗？该怎样理解和把握作者在文中的特殊情感？

答：十篇正文的创作已经跨越了作者人生的几个重要时期，其中感受现实的内容、焦点都在变化，心情当然会有差异。不过，从过去发现当下生存的根脉、透过历史解读现实的内核却始终未变，这也是《朝花夕拾》贯穿始终的精神线索。

20. 这篇《小引》对学生阅读整本《朝花夕拾》有怎样的作用?

答: 整本《朝花夕拾》涉及作者在不同人生阶段的不同感悟，看似散漫、随意，却蕴含着内在的一致性和共同的写作目的。正是由于有了《小引》，这些不同阶段的文字才恰到好处地串联在了一起，让人产生整体的联想。

《狗·猫·鼠》答问

1. 这篇散文以三个小动物的名称为题，有什么寓意？

答：《狗·猫·鼠》的确是中学师生普遍反映阅读难度较大的一篇。这个难度在哪里呢？我觉得主要是我们要透过这篇文章理解鲁迅散文创作的一种精神形式。散文在我们所谓的四种文体中，其实是与诗歌最接近的。就是说它不是对现实生活的一种直接的写实性的描写，更多展现的是作者内在的精神现象，特别是内部的思想与情绪的流动。所以说这就给我们提出一个要求，我们在阅读它的时候，就要摆脱过去把文学当作客观现实反映的这个模式。

在阅读的时候，我们要尽量透过文字来把握作家内在的情趣和想象，特别是他表达思想时的一些很微妙的细节。在这里，变化性和节奏感对于文学而言十分重要，我们不是在现实生活当中寻找一些发生的事情，进行一一对应式的解读。只有理解了这一层，我们在进行散文阅读、散文教学的时候才算是把握住了非常重要的方向。否则，我们就会流于一种模式：凡是读不懂的、有点儿晦涩的，我们就觉得其中影射了什么现实，最后总是不断在寻找各种“象征”、寻找什么“寓意”。

散文的阅读是对作者心灵世界的一种把握，心灵的运动是很微妙的，需要对其中一些情绪的节奏、方向作细微的体察，不是简单地回到现实生活当中来寻找“意义”。过去我们常常认为，把各种各样的在现实当中不便说明的内容转弯抹角地暗示出来就是文学了。所谓借助种种比喻、借助种种意象、借助种种象征，不过都是暗示出这样的隐晦心理，我觉得我们要摆脱的恰恰是这种思维。散文对作家自我精神世界的表达可以深刻，可以微妙，也可以复杂，但不一定都是刻意躲藏，更不是对一些现实故事的包装和掩饰。散文的情绪很大程度上超越了现实生活的层面，是心灵世界的“明白”的表述。

比如，一些老师和同学经常问：这篇散文以三个小动物的名称为题，有什么寓意？我觉得“寓意”这个词我们要慎用。文学有没有寓意？文学当然是有意义的。但是所谓意义、寓意并不意味着作家刻意要借助一种隐晦的、拟人化的方式把现实当中不便说明的东西表达出来，而我们阅读的目的也不是去挖掘这种隐藏的用意。“寓意”是什么呢？是不是当我们平时在日常生活中遇见了不好表达的东西，只有通过比喻或者象征表达出来的才叫“寓意”？我觉得完全不是这样的。所谓“寓意”就是我们通过阅读、通过对这些文字的感受把握住作家内在的思想和情绪，然后获得启发。这个就是“寓意”，而不是说进行某种特殊的翻译，把一些隐秘的意思给翻译出来。

这篇散文为什么以三个小动物的名称为题？其实没有大家要竭力寻找的那么隐秘的内涵。文章就是围绕三个小动物叙述了一些故事、经历和感受。鲁迅的文章多次提到狗，狗也是我们在日常生活当中经常接触到的动物；这篇文章的核心要写的是猫，因为写到猫，又涉及生活当中鼠的故事，所以说，整篇散文就很自然地围绕这三个小动物而展开，鲁迅借此为我们描绘了一个动物的世界。通过动物的世界，展示的是鲁迅对社会和人生的感悟和理解。这都是很自然的，以三个小动物的名称为题也顺理成章。在过去，我们的阅读更多地从社会历史当中寻找这种所谓的寓意或者比喻，主要是涉及鲁迅和“现代评论派”的论争。我们从社会现实当中找一些所谓的“背景事件”，竭力挖掘鲁迅对那些“正人君子”的批判和回击，似乎动物一定得对应、暗示现实之中人的形象才有价值。于是狗啊、猫啊，它们其实就是一种现实的“人格”或者论争对手思想上的一种特点，在一一对应中用这三个小动物来代表现实当中鲁迅所要批判的对象。我觉得这里很可能存在许多误读，也容易缩小鲁迅文学的内涵。

鲁迅在现实生活当中的遭遇和经历对他的创作有没有影响呢？当然，一个人在现实生活当中的思想和遭遇是会影响他的情绪的，但是这种影响放到文学的写作当中时却不是一一对应式的。因为没有这种符号式的对应关系，所以不能断定这个动物就对应了陈西滢、那个动物就对应了“现代评论派”什么样的嘴脸，不存在这样一个简单的对应关系。鲁迅对人生的感受是一个整体，比如通过动物世界的某种行为，他联想到某种为人处世的方法，也就是从动物之间的相互关系联想到人与事、人与人的关系，联系到了人间的关系。从动物界联想到人间的某种社会关系，这个是可能的，也是合理的，但是我们不一定要作那种一一对应式的机械对位。只有这样，我们才能尊重文学表达的规律，也才能读懂文学，这是我们阅读一篇散文作品的前提。对此，我们应该心中有数。无论是学生学习还是教师教书，我觉得对这个前提都需要更多地加以理解，否则我们永远是游走在文学世界之外，把文学当作现实的影射，这就大大缩小了文学的价值。

2. 第一段中的"就是怕要浑身发热之后"这句说明后面发生的事是鲁迅臆想出来的，那么这类事是否在之前的论战中发生过？如果没有，这是否有损鲁迅形象，显得鲁迅多疑、神经过敏？如果有，是哪一类事例？其中是否体现了这"逻辑的奥义"？

答：还是我刚刚提到的观点，不要一读散文，马上就过多地、过于强烈地与现实生活当中的人与事一一对应、直接联系起来。文学阅读的最大魅力就在于常读常新，就是我们每一次阅读都可以展开一个全新的世界，你不能掉到前人解释的框框里。如果是这样，那就不是在理解鲁迅，而是在努力理解别人对鲁迅的解释。所以说，当我们阅读到这个地方，不用马上就想到"论战"如何如何，这不是在回答鲁迅，而是在回答别人对鲁迅的解释。这一点我们一定要记住，我们是在读鲁迅，不是在读别人对鲁迅的解释。如果能够跳出这个东西，我们就会更多地看到鲁迅的丰富性，发现鲁迅文学的节奏——他的思想和情绪的节奏。那么这是不是会有损鲁迅的形象，显得鲁迅多疑、神经过敏呢？我想，如果我们回到文学阅读当中来，就会觉得根本不存在这个问题：一个作家为什么要从事文学创作？最终是为了表达自己与众不同的感受，表达自己真实的情绪和心理。换句话说，一个作家写作不是为了维护自己的什么形象，或者把自己塑造得多么“高大上”，多么公正，多么大公无私，多么宽容大度。作家如果都预设了某种道德形象，然后一切都从维护自己道德形象入手进行文学写作，那这个文学就没有意义了。所以写作中的鲁迅不会考虑自己的形象问题，他不会一边写作一边设计：我写出了这样的思想，会不会让自己的社会公众形象受损？那我觉得这就离鲁迅太远了。鲁迅之所以成为鲁迅，就在于他反复追求的，也是我们经常引用的——为了人生，而且是直面惨淡的人生。

求真是鲁迅文学创作的一个基本追求，如果鲁迅自己的情绪和思想当中有多疑的一面、有神经过敏的时刻，那么他也不会刻意地掩饰自己的特点。重要的是，人为什么不可以多疑呢？人为什么不可以有点神经过敏呢？对于一个文学家而言，他比常人可能都要多一份敏感，有时候也显得多一些疑问。这对于作家来说不是很自然的吗？鲁迅也更不会因为人们想维护他的形象而调整自己写作的姿态。作为鲁迅的读者，自然也不必从维护鲁迅出发来解释鲁迅的创作。

文学家鲁迅和思想家鲁迅是一致的。你刚才提到了第一段文字，这一段里面最有意思的就是这“逻辑的奥义”。大家要知道，这恰恰是那些所谓的“正人君子”对鲁迅的一个“要求”，说你不是要“痛打落水狗”吗？你今天又说这个狗和猫的关系，它们是敌对的，是对立面，那你仇猫又打狗，自己到底站在什么立场呢？我觉得这里的逻辑——这种世俗的逻辑本身就是非常可笑的。鲁迅是“痛打落水狗”的，他在另外的文章里也体现了对狗的一些性格的抨击，是不是因为“打狗”就应该和狗的对头——猫成为同类呢？敌人的敌人就应该是我们的朋友？但问题是世界不是那么简单的，非此即彼的逻辑关系本身就可能是不成立的。因为人生是一个非常多元的结构，人对世界的理解也是非常多元的。我们经常说敌人的敌人就是我们的朋友，这是放在一个政治功利的立场上得到的结论，而世界和人生却是丰富多彩的。文学家鲁迅面对的是一个无限丰富的世界图景，以单纯政治功利的逻辑怎么能揣度鲁迅的精神空间呢？所以鲁迅以引号来标注这“‘逻辑’的奥义”，实际上具有一种讽刺的意味。换句话说，只有你们才把那个世界想得如此简单！我曾经抨击过狗的品行，今天“仇猫”，又说狗是猫的对立面，就显得我自相矛盾了吗？在这里，鲁迅恰恰指出了世俗世界中某些非常可笑的逻辑。

3. 第二、三段与“狗”有关，且这个“狗”与鲁迅要痛打的“狗”的形象无半点关系。鲁迅写这两段的目的何在？是反驳“现代评论派”的逻辑吗？还是说明“狗”的无辜？

答：我就觉得我们阅读任何一篇文章当中的任何一个形象，包括人的形象、动物的形象，首先要能够适应这篇文章给我们营造的特殊情境。此外，进行更广泛的联想可不可以？当然可以，这是我们从整体上把握一个作家的一种方式。但是，这不是说一个作家对世界的观感就是永远不变的。因为鲁迅曾经“痛打落水狗”，所以说在他的笔下，所有的狗都有同样的性质、同样的特点——当然不是这样的。因为这个世界也是充满复杂性的，人对世界的观感也可能发生改变。所以说，我们不要因为鲁迅“痛打落水狗”这个言论知名度太高，就以为在所有的地方鲁迅都必须反复使用这个论述，也不要以为所有的狗在鲁迅笔下都是同样的形象。鲁迅写这一段是什么意思呢？我觉得他恰恰是为了跳出世俗的逻辑，跳出别人对自己的机械化的认知。他对所有这些动物的观感，都是从实际的具体的人生当中一点点产生的。在另外的情境中，狗也有狗的可恶之处，不否认鲁迅在别的情形之下继续“打狗”，只是到了狗和猫的故事中，他可能就有了新的感受，这并没有什么矛盾。

与其说这里是为了反驳“现代评论派”的逻辑，我觉得还不如说是为了消解一种世俗的逻辑，那就是把一切的动物之间的关系、人之间的关系简单化、对立化。就是说鲁迅要表现的是这种情绪：我有我的人生感受，与你们的猜测和逻辑有根本的差异。这就是我实际人生的一个感受，我表达的是我丰富的人生感受。这个消解的对象，我觉得倒不要缩小为某一个知识群体，例如“现代评论派”。当然“现代评论派”的有些行径可能的确让他产生了这样的联想，但文学总是具有更大的意义和指向性的。

4. 开头三段写到了狗及像狗一样的人，但与猫、鼠在文中所占的篇幅比例差别很大，显得不够协调。该怎样理解这种安排、布局？

答：这是关于文章结构的问题。我觉得对一篇文章来说，重要的结构来自作者的思想和情绪的逻辑。在这个意义上，比例归根结底是思想和情绪的比例，而不是题目当中各个词语和概念的比例。我们不能因为题目是“狗、猫、鼠”三个动物，而要求作者在写作的时候给三个动物平均地分配力量，或者认为开头写了狗的内容，和狗并列的猫和鼠在文中占的比例差别就不能太大，否则就显得不够协调。不要因为文章说了这三个动物，就要求它平均分成三个部分，每一个部分写一个动物，当然不能这样。文学的结构是千变万化的，它主要服从作家内在的心理诉求。鲁迅的主旨是要对猫发表感受，我们不能要求他给狗与鼠留出同样的篇幅。作家完全可以在文章的题目与具体的陈述方式间自由把握，对思想情绪的分量作非常灵动的一个处理，这是作家天然的权利。

5. 文中穿插作者童年时代祖母讲猫的故事，意图何在？表现了“我”对猫的什么情感？从故事本身来说，猫的做法并无不妥。有的资料上据此说猫很狡猾，由此表达了“我”对猫的厌恶感。您怎么看待这个问题？您又怎么看待鲁迅的“仇猫”？

答：这就是散文创作非常重要的特点。散文归根到底是诉诸人的情感的，它不是直截了当地跟你讲道理的，所以说这一段其实是鲁迅引出情感的重要起点——通过童年时代祖母讲猫的故事引出“我”对猫的观感的来源。我们阅读这一段，会感到他写得非常细致，而且生动。它恰到好处地让读者通过一个儿童的视角来认识这只猫，传递出儿童从心理上如何获知来自猫的阴影和恐怖，这就十分自然地写出了鲁迅对猫的这种观感的来由。鲁迅其实就是要告诉我们，他对猫的态度是与童年时代的这种经验联系在一起的。读者在阅读这一段的时候，就能随着这种生动的描写自然而然地被带入那种人生的情境当中，也就理解了鲁迅对猫产生这样一个评价的理由。我觉得这个叙述是很重要的，它告诉我们，鲁迅的“猫观”并不是突如其来的思想，而是漫长人生的真实体验的烙印。今天的我们如果误读了这一点，就可能背离了鲁迅文学的逻辑。

鲁迅的这一大段不厌其烦的描写就是在告诉我们，他对动物的那种评价其实都来自非常朴素的从童年时代就有的人生经验，并非对现实社会人际关系的联想——对那些我不喜欢的人，就要强加给他们某种动物的性格和形象。鲁迅对猫的态度，就是来源于非常朴素的人生的观感和记忆。

那么，我们该如何看待鲁迅的“仇猫”呢？其实，如果我们每个人能够回溯自己的人生经验，就非常好理解了。我们对这个世界上的任何动物，对生活中的现象，会因为自己某种特殊的人生经历产生喜欢或者厌恶的情绪。这里不一定涉及社会与人生的多少大道理，它其实就是我们的心理的一个自然反应，是很真实的。重要的是，人有没有权利来表达自己对世界的那种真情实感？当然有。同时，能不能尊重别人的真情实感也是衡量这个社会是否正常的重要标尺。如果我们不能尊重他人、不能尊重他人在其人生体验中的真情实感，这个社会就是不健康的、就是扭曲的。其实，鲁迅要表达的是一个更为深刻的人间道理。与那些“正人君子”基于现实利害关系的推测不同，鲁迅的动物观属于人生体验的自然生成，他恰恰不是那么狭隘。

鲁迅“仇猫”也好，打狗也好，都不过是人的正常情感，也是人正常地表达自己主观感受的基本权利。我们不必过于夸大，尤其不必夸大它的政治讽喻性，作单一的政治化的解读。因为这个世界是丰富的，人的情绪反应也是丰富的。能否理解和尊重别人真实的情绪反应，恰恰是判断这个社会是否健康的重要标准。

6. 第十段“在路上遇见人类的迎娶仪仗，也不过当作性交的广告看”，鲁迅竟然这样看待这种民俗吗？

为什么对“老鼠成亲”，“即使像海昌蒋氏似的连拜三夜，怕也未必会看得心烦”，而对人类的婚娶仪式，就觉得是“阴险的暗示”“性交的广告”？

答：这实际上提出了一个科学和理性的认知态度的问题。一般认为，人应该很理性、很科学地表达对民俗的认识。这当然是对的，人都应该有科学的思想、有理性的认知方式。但是，请注意，人也不是在任何时候都必须用科学和理性的态度来表达思想感情，否则还要文学干什么呢？文学在某种意义上是可以超越理性也可以超越科学的，是用来表达人的更加丰富、复杂的情绪的，哪怕是暂时性的情绪。文学体现着人生最大的丰富性。当然，我们同样要肯定科学和理性，它们都是有价值的。但是我们要注意的是，这不是说人在所有的时候都必须按照科学和理性的思维来行事。如果说从科学的角度，我们当然可以这么要求鲁迅，可以要求他作为一个教师、作为一个社会学家，或者说作为一个知识分子，认真、客观地描述所有的民俗现象。但是平心而论，我们没有权利要求一个人在所有的时候都只能这样表达感情，也没有权利要求一个人必须按照一种思维方式表达自己的内心。

对待鲁迅也是这样。鲁迅在“青年必读书”事件中提出我们要少读或者不读中国书，这就是有特殊指向的，也基本不代表鲁迅作为一个学者、作为一个大学教师的理性认识。作为北京大学、北京师范大学、北京女子师范大学的教师，鲁迅讲授“中国小说史略”，怎么可能少读或者不读中国书呢？当时，传达这类判断的只是一个作为文学家的鲁迅、一个借助即时性的情感传达来完成媒介批评的鲁迅。

7. 隐鼠到底是什么动物？如何让学生摆脱对老鼠的固定的形象认知？

答： 据科学的分类，隐鼠是啮齿类动物，属于豪猪亚目的滨鼠科，是鼠类中最小的一种，体形约一个大拇指大。这可能超出了我们一般的认识，我们在日常生活当中看到的老鼠可能大多没有这么可爱，所谓“獐头鼠目”等成语就表示了对老鼠的一种厌恶。鲁迅的经历告诉我们，这个世界原本是丰富的，动物的世界也是丰富的，还有像隐鼠这样一种并不怎么讨厌甚至非常可爱的动物。在这样的描写当中，鲁迅表达了他对大千世界万事万物的喜爱，这表现了一个儿童的视角和好奇的心理。

8. 隐鼠之死与猫并无关系，已经澄清，但“我”对猫仍有“旧隙”，且对以前所谓“复仇”没有任何反思，更没有一丝忏悔，这种态度合适吗？联系郑振铎的《猫》，这种态度是否缺乏客观公正？不喜欢和仇视都是主观意识，是否可以作为冤枉猫或人而不反思的理由？

答：我想，在这个地方恰恰可以拓展同学的视野。老师在上课的时候可以补充相关的资料，打破我们对老鼠的那种僵硬、刻板的印象。我自己也有体会，在过去，我们认为猫抓老鼠是理所当然的，老鼠生来就如何如何讨厌，应该被猫处死，我们在这方面的观念比较强。但是你看动画片《猫和老鼠》，它恰恰就颠倒了：猫作为一个凶神恶煞的形象出现，老鼠呢，却是无辜的。老鼠恰恰是一个弱者的形象，有时候它反过来还捉弄猫，让猫显得狼狈不堪。所以我第一次看《猫和老鼠》的时候，一下子就觉得我们过去的一些观念应该被颠覆。当然我不是说老鼠更好，或者猫就一定不好，而是说每个人都可以保持自己独特的感受。

鲁迅的《朝花夕拾》是以一种非常亲切的方式与人进行心灵的交流，它最大的一个特点就是打破了我们对世界、对人生的很多僵硬的、固定化的观感，让我们更深刻地理解人生、看到一些被遮蔽与忽略的景象。隐鼠的出现就是这样的。

9. 鼠咬破箱柜偷吃东西，“我”觉得不算什么大罪，反而因为猫天生的一副媚态(它不凶猛好像不是什么太大的罪过)而产生了“仇视”。文中对待猫和鼠的态度是否客观理性?

答：就像我在前面说过的，客观理性并不是人生的全部原则，也不是我们在任何时候都要追求的原则。如果鲁迅在这个地方写的是《论猫与鼠》这样的科学论文，那我们可以要求他根据客观事实来分别阐述猫与鼠，统计它们各自的优缺点以及对人类的利弊，这都是没有问题的。但是，文学在某种意义上是超越一般的科学和理性的，它表达的是人的一种主观的思想情绪。正因为文学有这种功能，才让我们个体化的情绪有了释放的机会，这个作用恰恰是科学著作所难以替代的。

所以，我们阅读文学就是要尽力理解人生，要尽力对所有的情绪特别是个体化的情绪持“了解之同情”的心态。理解文学、阅读文学，归根结底是为了理解人。理解人有表达自己特殊的、与众不同的、个别性的思想情感的权利，这就是文学的意义。如果我们能对人的特殊性、个别性都有所理解，那么人与人之间就多了一份和谐。体谅和理解特殊性恰恰是文学阅读的一个根本出发点，也是我们教会学生如何阅读文学的一个根本出发点。当然，在现实人生中，科学和理性的沟通与表达也是必不可少、至关重要的。问题在于人始终有表达自己的独特感受的需求，这样的人间才是生机勃勃的，这样的人生才是丰富多彩的。所以说，我们理解鲁迅就是要学会一种求异思维，要拥有一双观察世界、理解世界的独特的眼睛。这也是我们要珍惜鲁迅文学的一个重要的理由所在。

10. 文中关于文化学、民俗学的考证内容不少，但似乎游离于主题之外，比如"黑猫""猫婆""猫鬼""精神分析说""海昌蒋氏的婚礼"等，如何让学生理解这样的写法？

答：这个就是散文所谓的"形散而神不散"。散文追踪的是人千变万化的情绪，所以当中要保留很多闲笔。什么叫闲笔？你看着它没有直奔主题，但问题是文学为什么一定要直奔主题呢？只有学术论文才直奔主题。每一段文字都力求不多也不少，举的例子和论述的观点都要达到一个最简略的也是最精确的配合的关系，最后富有说服力地将结论论证出来，这就是对一篇学术论文的要求。但是具有情感性的散文却不是这样的。有时候写到一些特殊的回忆故事、人生经验，可以放慢脚步，文笔运动得远一些，然后再拉回来，其中流淌的恰恰是人的这种思想和情绪。散文要有一份难得的内心的从容，也要让读者在从容的状态下进入作家所营造的这种氛围和情绪之中。要留有余地，要留有仔细回味、品评的可能性，这恰恰是文学也就是“文学性”的所在。

所以，我们今天教学生特别是对学生进行文学启蒙的时候，千万不要把他们训练成只会掌握论据、论点的人，不能让他们所有的文字都直奔主题，不能把他们都纳入到这样一个机械化的模式当中去。文学不是数学论证，数学论证只要有观点、有材料，尽快地完成就可以了。文学不是这样的，一定要有从容，一定要有回旋，一定要有更多的时间来停留、品味、接受、咀嚼。这本身就是与人的内心世界进行丰富对话的基本需要。

在这里，我们还要注意一个细节，就是鲁迅在这篇文章里写到，长妈妈一开始告诉他小隐鼠是被猫给害死的，后来他才发现并不是这样，实际上小隐鼠是被长妈妈祸害的，应该怪罪到长妈妈的身上。但是他也没有因为这样一个发现就改变了对猫的厌恶心理，因此有人就说鲁迅为什么不反思、不知错就改呢？其实这体现了整篇文章的写作特点：对世界的个体化观感。作为个体，“我”有没有喜怒哀乐的权利？“我”对猫的这样一个感受是由来已久的，它早已经渗透到了“我”的日常生活的细节之中，虽然有长妈妈这个事件的前后转折，也不足以让“我”从内心深处改变对猫的看法。这恰恰证明鲁迅对猫的感受是在一个漫长的人生过程中累积的情感。

鲁迅通过这篇文章告诉我们，在正确的科学和理性的逻辑之外，还有人的丰富的思想和情感的逻辑。我们需要遵从科学和理性的逻辑，同时也应该宽容和理解思想和情感的逻辑，这样的世界才是真正完整的。

11. 这篇文章的写作背景是怎样的？

答：“写作背景”常常被人们片面地理解为政治背景，也就是一些政治事件。这就像我们过去理解朱自清的《荷塘月色》，最后一定要提到大革命失败以后知识分子找不到出路的彷徨苦闷，好像只有这样才能理解《荷塘月色》中朱自清那淡淡的喜悦和淡淡的忧伤。其实人生的内容可以是很丰富的，这不是要排斥社会政治的内容，而是说一一对应社会政治背景的解读其实是不利于我们深刻地理解文学本身的丰富性和复杂性的。

12. 文中写了很多个故事，有童话故事，有民间故事，也有真实的生活经历，十分生动、有趣，该怎样理解这些故事呢?

答: 像前面所说的，对鲁迅这篇散文的理解也是这样，我们千万不要一说到这篇散文的写作背景，就一定要挖掘出鲁迅和“现代评论派”的论战，挖掘出鲁迅如何揭发这些“帝国主义、反动统治阶级及其帮凶走狗”的嘴脸——不一定要落到这样一个固定的、简单化的结论当中。这个论战事件对鲁迅有没有影响?当然有影响。我觉得这种影响应该放在一个更广大的文学场景中，放在“为了人生”这样一个角度上。那么它的影响是什么?就是让我们通过社会上形形色色的人在不同的社会事件当中的表现重新体会人生，再一次感受我们中国还欠缺什么，还应该如何尊重人的生命、尊重人的情感，或者说当时的这个社会环境中还有多少被扭曲了的逻辑。鲁迅本人被卷入其中，受到含沙射影的攻击和污蔑，就暴露了当时人性的缺陷。

只有当每个人都有权利自由地表达自己真实情感的时候，我们的社会才会更加健康。所以我们也可以说，鲁迅这篇文章的写作借着他对猫的评价来澄清自己的真性情、真情感，来提醒我们人可以如何表述自己的人生态度和内在的性情。

我曾经说过,《朝花夕拾》是一组对话。这是一个“过来人”、一个已经走过了大半辈子人生的人与青年的亲切对话和交谈,他要告诉我们的是,在拥有了复杂的人生体验之后,如何重新建构一种正当的人生情感和人生追求。建构,我觉得这是《朝花夕拾》最重要的一个主题,它以不同的篇章作了不同层面的表达。这一篇散文也像其他的文章一样,表达的是对人的社会关系的认知。透过人对动物世界的不同评价,或者说透过动物世界而联想到人性和人情的某种特征,来诉说对美好的人性的向往。说的是猫,反思的是人自己。

13. 这是一篇回忆性散文,却有着明显的杂文色彩,该怎样理解这一特点?

答: 这其实是整个鲁迅文学的创作风格,就是夹叙夹议。这种时候的“抒情”,是为了更好地表达自己内心深处的那一瞬间的情感起伏和流动。而议论,则体现了鲁迅思想的智慧。鲁迅在任何文体当中都凝聚了他的思想的智慧,他不是简单地抒情,任何抒情的背后都有他的思考,有他的关于人生的理性思考和追问。可以说,永远保持对人生的追问是鲁迅文学的一个基本特色，用我们的话来说，就是具有杂文色彩，在《朝花夕拾》里也是这样。所以《朝花夕拾》是抒情的，有很深情的叙述，但是它同时也有非常深刻的追问。将追问与深情结合起来，是鲁迅所习惯的，也是他最擅长的“为了人生”的这样一种文学。

《阿长与〈山海经〉》答问

1. 作为一线语文教师，阅读理解《阿长与〈山海经〉》这篇经典散文，应该对它有个怎样的定位呢？

答：我觉得，阅读《阿长与〈山海经〉》，首先要放在《朝花夕拾》这本书写作的总体背景中来进行。这个总体背景，就是鲁迅作为一个历经沧桑的人，在自己的中年时期向青年一代讲述自己人生的过往和体验，从中咀嚼出一些生命的滋味来。为什么提出这一点？因为这意味着整本《朝花夕拾》中包含着沉甸甸的人生况味，它看似是比较轻松的对童年生活的回忆与记叙，实际却包含着历经沧桑的鲁迅的种种人生情怀，这些故事轻松的表面之下包含了非常隽永的含义。

中小学教育面对的是青少年，《朝花夕拾》中一些故事看着是很亲切、很轻松，但严格来讲又不是那么容易理解的。所以说，需要我们一个字一个字地解读分析，进行真正的细读。

阅读《朝花夕拾》可以极大地提高青少年的阅读能力和信心。但是，要达到这个目的，不能用一些既有的结论或流行的标准来肢解《朝花夕拾》的内容。比如说，哪些地方是反封建，哪些地方是歌颂劳动人民的美好品德。我不是说这样解读不对，而是说与鲁迅那种隽永、丰富的人生比较起来，这些结论太直接也太肤浅了。所以，在阅读《阿长与〈山海经〉》时要注意这一点，就是一定要从我们能够感受到的表面的印象出发，往下追问，想得更深一点、更透一点。这应是我们进行阅读时的基本心态。

2. 为什么以《阿长与〈山海经〉》为题？该怎样理解这个题目？

答：《阿长与〈山海经〉》，这是一个朴素的题目。为什么要以它为题？这个题目本身与鲁迅在《朝花夕拾》中所要呈现给我们的整体风格是一致的，就是在平实、亲切中传递人生的内涵。它不是用那种亮丽或者出奇制胜的题目来给我们一种震撼、冲击，而是在质朴自然中娓娓道来，让我们一点一点地体会到人生的韵味。《阿长与〈山海经〉》的命名形式，非常具有鲁迅特色和《朝花夕拾》特色。

其实，这个题目在平实当中也暗暗地点出了这篇文章值得注意的两个内容：一个是关于阿长这个人，她的性格，她的人生趣味、人生态度，文章大部分篇幅在写这一方面；另一个是这篇文章在关键之处有一个突转，即作者对阿长诚挚的感谢和深刻的理解。这份感情是从什么地方开始的呢？就是从《山海经》开始的，就是从她为“我”买到一部“我”日夜渴慕的《山海经》开始的。所以，买到《山海经》是理解阿长非常重要的转折点，它把一个朴素的人的生活和一本对“我”来说非常重要的书联系在了一起，这就是这篇散文两个基本的点。同时，因为有了这本书，“我”对阿长的理解也就有了更深刻的内涵。所以，题目本身既暗示了鲁迅尤为关注的是什么，也揭示了主人公对人的理解和认识的一次深化过程。

3．文章开头介绍阿长的身份和名字，用了两个自然段。对阿长身份地位的设定，有必要花费这么多笔墨吗？

答：这两个自然段，正是阿长之所以成为阿长的关键。文章说得很清楚，阿长并不姓长。根据后来一些鲁迅研究专家的考证，她的夫家可能姓余，总之她肯定不姓长。她不姓长，身材也并不高，从各方面来说都不应该称为“阿长”。仅仅因为“我们”家前任保姆叫阿长，仅仅因为她替代了保姆的角色，“我们”也就理所当然地叫她阿长。

通过这样详细的叙述交代“阿长”的来历，这是鲁迅刻意设置的。这就告诉我们，“我们”家记住的主要不是阿长这个人，而只是她的保姆身份，这就有意无意地体现了当时的社会环境、文化对“人”自身的忽略。按照传统的说法，名不正则言不顺。这人到底姓什么，我们都不知道，甚至不关心。其实这体现了一种社会价值观念，即人自身不那么重要，人的功能才是重要的。人们记住了别人之于自己的意义，却并不关心这个人到底是谁、有什么独立的个性、有什么样的精神特质。在人与人的社会关系结构当中，人的实用性取代了人的尊严。这里揭示了传统社会人伦文化的一种内在的缺陷，是相当深刻的发现。

当然，我们不能说是鲁迅他们家待人很苛刻、为人很凉薄。鲁迅写得很平实，他无意说他们家待佣人、待保姆很苛刻。鲁迅没有这样的意思，他们家只是千百万中国家庭中的一个，他们不过是用传统中国人待人接物的方式处理问题，当然也就没有太多地超出传统社会的文化习俗。阿长到底是谁，她的本来面目是什么，她的真实人生是什么样的，在很大程度上是连“我”的家人包括“我”自己都忽略的。

鲁迅以平实的方式写出这些来，其中却暗含了深刻的寓意。在现实生活中，阿长是被忽略的。“我们”

并没有发自内心地理解她的人生，希望走近她，和她进行精神上的深度交流。我们的社会文化没有这样的机制，我们也没有这样的传统，这就为作者后来在不同的人生经历中一步一步由浅入深地认识阿长埋下了伏笔。

所以说，这两段决定了全篇的走向，是非常关键的文字。如果没有社会文化习俗对阿长的长期的习惯性的忽略，阿长是谁，“我”从小就该知道了，阿长是什么性格的人，“我”的母亲也早该告诉“我”了。正因为社会文化忽略了她，才让一个孩子在自己的成长过程中一点一点地认识她、一点一点地了解她。这才使整个篇章能够顺利展开，而且能逐渐从表面走向深入地来描摹这个人物。

4. 母亲委婉提醒阿长注意晚上的睡相后，文章写道“她不开口”，而且之后并没有改变睡姿。应怎样理解她的“不开口”和不改变呢？

答：这个细节非常耐人寻味，它体现了阿长性格的一个侧面。从表面上来看，她比较固执；联系全篇，会发现这并不是她的弱点，而是她的一个特点，即她不轻易地改变自己的态度和习惯。从另外一个角度看，这其中又包含了成年鲁迅对阿长的一种更深的理解。

因为在当时的等级社会中，在一个家庭内部，佣人的地位低下，一般情况下对待主人的吩咐应该是唯唯诺诺的，应该表现得非常卑微，甚至还可能表现出一种巴结谄媚的姿态。因为他必须得听主人的，他的工作、生活，他的经济来源，甚至方方面面，都依附于主人。所以，所谓的佣人过去还叫作下人，他们的奴性就是在这样的生存环境中养成的。但是，阿长并不这样。当“我”母亲提醒她的时候，她并不开口，说明她有自己的看法、有自己的主见，也不轻易地附和主人家。

对于一生都在批评中国人的鲁迅来说，阿长的这种性格其实包含了一点特殊的意义，即阿长虽然是一个佣人、一个被雇用的人，但是她有她的人格尊严。虽然她没有公开地反抗，但是她不说话，沉默本身就是她的坚持。虽然她始终保持这个姿态让年幼的“我”不舒服，这个坚持也未必多么正确，但是这终究是她自己的个性、人生态度的一个小小的体现。她不随意地曲意奉迎，这种性格也有非常可爱的成分。鲁迅有意识地写出这个特点、这个细节，在童年视角中又隐藏了一个成年视角，很耐人寻味。

5. 为什么“晒裤子的竹竿底下不能钻”？描写那些规矩对表现阿长有什么作用？该怎样理解阿长教给

“我”的那些道理？

答：“晒裤子的竹竿底下不能钻”，这是民间社会普遍存在的一种说法。不仅鲁迅的家乡是如此，在我的童年时代，在西南，在巴蜀文化的土地上也有这个说法。“晒裤子的竹竿底下”，这里重点说的不是竹竿，而是裤子。据说，在晒着裤子的竹竿下钻来钻去，意味着将永远在人家的胯下生存，孩子的个头就长不高。当然，重点不在于这是不是事实，而在于它表现了阿长的一种原始思维、一种巫术思维。正如下文写到阿长讲长毛的故事时，说女人脱下裤子让对方的炮火都哑了，也表现了她的这种思维。

这种原始思维、巫术思维，对于孩子来说是想象力的一种释放。阿长知道的那些规矩和道理，在今天看来当然都是似是而非的。但是，我们的人生并不是每一步都要在科学和理性的基础上才能获得发展。其实，人在成长过程中最重要的是心智的打开、是想象力的激活，特别是在儿童时期。当我们认真学习科学技术、培养科学和理性思维的时候，就已经进入人类成型的知识体系、知识规范之中了。当然，后者也是很重要的。只不过，我觉得对于人的成长来说，首要的应该是想象力的释放。

所以说，阿长给“我”讲的这些各种似是而非的规矩，已经影响了“我”漫长人生的第一个阶段，这个阶段对“我”来说是必不可少的。鲁迅写出了这种“讲与听”的复杂性，对于一个孩子来说，阿长所讲的规矩使他感到压抑，所以在这个过程当中“我”很“不耐烦”，觉得要接受这些规矩是非常麻烦的事情。在这里，鲁迅又非常真切地写出了一个小孩子的基本心态，即这些繁复的规矩对“我”来说是一个沉重的心理包袱，“我”不愿意受它们的影响。

为什么阿长要如此不厌其烦地反复地教育“我”这些规矩呢？她可以不管，她本来也是可以不管的。但透过这一细节，我们能看到这样一个保姆对她照管的孩子表现关心的方式。她只是一个保姆，对并非亲生的孩子，她真诚地、发自内心地盼望他能够平安地成长，少遭点挫折、少遇到些坎坷。这份初心是真诚的，也是美好的、可贵的。文中写了“我”和阿长的冲突，“我”的不耐烦和阿长的絮絮叨叨、烦琐之至。“我”在童年时候很厌烦，到成年时候回过头来看，又能够一点一点地品味出其中所包含的良苦用心。这就是作品的双重视角：儿童时代的记忆和成人时代的审视各有差异，却都意味悠长。

6. 该怎样理解长毛的故事？描写长毛的故事究竟要表现什么？作者在写了对阿长的诸多不满、“不耐烦”和无奈之后，写到阿长讲长毛的故事，而且第一次发现她有一种伟大的神力。为什么阿长仅仅讲了一个故事就让“我”觉得她有了伟大的神力？该怎样理解其中的“伟大”与“神力”？

答：这是从儿童视角写的。对于一个儿童来说，一个女性能够以一种特殊的方式阻止一场战争，让威力无比的火炮都失去了进攻的能力，已经超出了日常生活的逻辑。对于他来说，阿长就是奇异的，足以让他崇拜。这个细节实际上呈现了阿长以乡村民间文化的视角跟孩子对话，给孩童的心灵带来了巨大的震撼。这里有迷信色彩，不科学。但是，人的成长也需要这种超出日常生活逻辑的甚至有点儿离奇的民间文化的浸润。只有经过这样的浸润，人的心智才得到启迪、想象力才得以打开。

今天，教育界对此有所研究。为什么说神话传说教育对于儿童的成长非常重要？因为它超出了日常生活的逻辑，是一种原始的巫术思维。对于孩子来说，接触这种思维是非常有必要的。它展示了世界诡奇的一面，而不是世俗的一面，这对孩子想象力的发展非常重要。阿长当然不知道今天的教育原理，她从一个乡村人朴素的本能出发跟孩子对话，觉得这样来传递这些知识是理所当然的。其实，这是中国民间所保存的一种非常有价值的与儿童对话的方式。阿长在无意当中完成了对“我”的教育，构成了“我”一生非常难忘的记忆，当然也是非常美好的记忆。

阿长讲的长毛的故事，有一部分是历史事实，还有一部分可能是阿长作为一个乡下妇女的夸大其词，或者是她的一种想象。当然，这种想象本身也是她在完成对“我”的一种特殊的教育，让“我”知道世界上还有需要人警惕的事物，这是阿长的一种教育方式。在这里，我觉得与其分析鲁迅对太平军的态度、对中国历史的态度，还不如从一个成年人教育孩子和孩子反应的角度来看。这一切都是阿长教育模式的重要组成部分，它是不是符合历史事实并不重要，重要的是它对“我”这样一个儿童构成的心理上的深刻影响，以及“我”所产生的心理反应。

7. 为什么一个目不识丁的保姆，能被鲁迅先生写入文章？

答：阿长的确是一个目不识丁的女性，身上也有譬如喜欢“切切察察”等毛病和弱点。鲁迅先生竟专门为她写了一篇散文，文章有儿童和成人两种视角的引入，包含了鲁迅在不同人生阶段对人性、对人与人之间关系的一种反思和总结。即我们曾经生活在一个并不平等的世界中，只有当我们成长以后，回过头来思考这些，才可能对人生有更深的理解。

是的，就在这些朴素的、目不识丁的人群中，可能就有被我们忽略的人；就是在那种粗糙的、世俗的甚至有时候让我们讨厌的社会关系中，包含着可能容易被忽略的人与人之间的真挚感情。而这就是真实的人生：有这种喜厌交织的既往，有这种夹杂于疏离之中却割舍不掉的亲情。《朝花夕拾》就是鲁迅总结的他所经历的世俗人生故事，朴素平凡的日常故事饱含隽永的意味。

8. 为什么在写《山海经》之前，要用那么大篇幅写叔祖的故事？

答：正如你所说，在这篇散文后半部分引出《山海经》这本书的时候，鲁迅专门写到了一位远房的叔祖，看上去好像是闲笔。文笔宕开来，写叔祖长得胖胖的，很和蔼，爱种一点花木，还写了他太太、他和小孩子的关系如何、他家里有什么书，等等。这段文字篇幅很长，有没有必要呢？我认为非常有必要。因为从这个时候开始，这篇文章就进入到它最重要的主题——“阿长与《山海经》”，由上文对阿长含有一些否定性字眼的描述转为从内心深处对她暗暗地感恩。这是一个非常重要的过渡，完成这个过渡的就是小鲁迅内心深处非常渴慕的心心念念的《山海经》。

为什么《山海经》对一个小孩子那么重要？是因为这本书在儿童的眼中展开了一个全新的、奇异的世界。这个世界与我们日常生活的世界不一样，是能激发孩子的想象力的。而这样一个奇异的世界，就是由这位远房的叔祖引出来的。在童年鲁迅的生活当中，这位叔祖是一个独特的人。因为很寂寞，他便很爱和孩子来往，甚至称小孩子为“小友”。而且他有一些奇异的书，鲁迅特别写道：“制艺和试帖诗，自然也是有的。”这些书都是过去匹配科举制度要求的读物，但叔祖在这些图书之外还有一些非常奇异的不属于所谓正统文化的书籍，比如说《花镜》、陆玑的《毛诗草木鸟兽虫鱼疏》等。这些都是在日常科举文化之外的更符合人的性情的著作，由此引出了《山海经》。这说明《山海经》代表了一种非常稀有的独特文化，对孩子很重要。

叔祖就是和这种独特文化密切相关的一个独特的人，他也收藏了《山海经》，但不记得放在哪儿了，暂时找不着了。可见，这本书、这样的书跟日常生活是有距离的，是平时不大读、不大用的。所以，这一段用了较大篇幅来写一本足以勾起我们内心无限想象的奇异的书，令我觉得意味深长，这种描写显示出这本书的重要意义。

9. 为什么文章对长妈妈如何买到《山海经》只字不提？为什么写阿长买回《山海经》，要强调她的“新的蓝布衫”的穿着？

答：文章对长妈妈如何买到《山海经》、对她的辛苦付出不着一字，主要是因为这已经超出了童年鲁迅的理解能力。他没有能力去了解到阿长是如何买到这本《山海经》的，对他来说这也不重要。可能成年人会关心——我都买不到，她为什么能买到？一个有知识的家庭都买不到，一个没有知识的乡下妇女怎么能买到？她是通过什么渠道买到的？当我们提这些问题的时候，其实是从一个成人的角度提出的。但是这篇文章自始至终都是以儿童视角为主线的，所以文章不提她如何买到，而只说买到这个结果，十分符合儿童的心态。此时此刻，对于童年鲁迅来说，怎么买到的不是他所关心的，重要的是他朝思暮想的《山海经》竟出现在了阿长的手中，重要的是阿长的突然出现带给他这份惊喜。所以，作者不写怎么买到的，而只写这个结果，这恰恰是符合全文的内在逻辑的。

长妈妈请假回家，四五天后回来了。长妈妈应该好长时间没有回家了，回家是一件很高兴的事情，对她也很重要。她穿了一件新衣服——新的蓝布衫回来了，主要是暗示、表现她回到自己家的那种愉快、欣喜、兴奋的心情。在“我”家，她是一个保姆，是一个佣人，是一个次要角色。但回到她自己的家，她是主人。当然，在回家的欣喜当中，长妈妈还没有忘记替“我”找《山海经》，就说明在她心中，“我”始终被放在非常重要的位置。她在自己高兴、快乐的时候，也还是想着“我”的需要，说明她是从内心深处关心“我”的精神需要的，是在乎“我”的快乐的。将这两者放在一起，就足以看出她的内心世界：她是朴素的，但又特别细致和善良。

10. 文章写长妈妈为“我”买来了《山海经》，并写了几十年中自己对《山海经》的情感。按说至此文章的主要任务已经完成，可作者并没有马上结束全文，而是又用一个段落补充介绍了阿长的身世。请问您怎样理解这种写法？为什么要写文章倒数第二段？为什么在该段开头用好几个称谓称呼阿长？

答：文章倒数第二段简略地总结或补充了长妈妈即阿长的人生，但这些信息也是不确切的。这时，作者鲁迅又回到了成人的视角，体现了一个成年的生命对另外一个生命的同情。他以这样的文字表达了“我”的一种深深的感伤，即“我”对陪着“我”长大的很亲密的保姆却并不了解，都是听说或是传说——“仅知道”“大约”。这也证明在我们的社会文化结构当中，长妈妈还是一个被忽略的普通的底层小人物。这种忽略是当时的社会伦理状况的真实呈现，也包含着“我”长大成为一个有知识、有思想的人以后，回过头去看自己曾经走过的人生，才发现这个社会的文化结构、人际关系把很多默默无闻的生命忽略了。这是一种很深很深的感伤，是成人世界的“我”以成人的眼光来反思我们的社会和人生的一个结果。

“保姆”“长妈妈”“阿长”，这三个称呼是从不同的角度对这位女性的描述。“保姆”是她的职业身份，说明她与这个家庭的一种雇用关系；“长妈妈”说明她带着“我”长大，在“我”内心几乎就像母亲一样，这是一种十分亲切的称谓；而“阿长”是主人对家中女佣人的一个习惯性称呼。实际上，这三个称谓真实地表现了这样一个女性在当时的社会地位。

这样三个不同的称呼，竟然没有一个是属于阿长自己的，甚至连她的姓氏都不包含。“保姆”表明一种工作关系，有很多很多的保姆，并不特指长妈妈；“长妈妈”是说她对“我”的抚育，这是小孩子的视角，但是因为她并不姓长，所以说这个称呼也是暂时性的；至于“阿长”，那是因为在此之前有一个女佣人叫阿长，所以说也是一个“我们”附加在她身上的称呼。这真实地反映了长妈妈的情况——她现实的遭遇、她生存的境遇。但是，这种生存的境遇却与长妈妈作为一个独立的人有很大的距离。所以，在这样现实的几个符号之外，又暗示了长妈妈寂寞的一生。

“我终于不知道她的姓名”，这仍然是我前面提到的，就是回到了中国传统人伦关系的一个常态。阿长是谁？这样的人在我们整个漫长的历史当中是长久地被忽略的。“终于”表明了时间的漫长，即一直到最后“我”也不知道阿长的姓名。在阿长的一生中，“她是谁”这个问题都是被我们忽略的。所以说，这个“终于”包含了成年鲁迅对社会的反思，对我们自身文化的一种深刻的警惕。

11. 对一个普普通通的底层女性，鲁迅先生倾注心力和情感，写得那样鲜活、那样栩栩如生。阿长身上体现了人性的复杂性，该怎样理解她身上的弱点和把握这个人物形象？又该怎样理解“我”对阿长的感情？

答：阿长身上当然具有人性的复杂性，因为鲁迅的整本《朝花夕拾》写得非常朴素，是在朴实地写他的人生过往、人生经历。他笔下的这些人物不是英雄，不是圣女，当然也不是十恶不赦的坏人。这些人物和我们身边千千万万普通的中国人一样，有很多缺点，也有很多令人不能忍受的地方，当然还有“我”曾经不能接受但今天有可能接受的地方，这就是人性的复杂性。阿长身上当然有很多缺点，比如迷信，比如她处理事务的那种固执。但更重要的是，不管阿长的理念、习俗、性格特点有多么不符合现代科学的原则，她都发自内心地关心着“我”、关心着一个与她自己没有血缘关系的小孩子，这就是“我”人生当中最宝贵、最难得的一点。鲁迅一生其实都在寻找人与人之间这份真实的感情。所以说，正因为拥有这样的感情，阿长是一个具有美好人性的人，也是一个值得我们纪念的人。

关于“我”对阿长的感情，鲁迅在文章里写得非常详细，他写了小时候“我”对阿长的感情有不耐烦，有厌倦，有嫌弃，但是也有发自内心的感恩和理解。同时，他又写到“我”作为成人怎么看待阿长，甚至写了

“我”对她的深刻理解，也有更加深刻的——因她而引发出的对中国传统人际关系、社会关系的一种思考。比如说，他“终于”还是不知道阿长的姓名，直到最后也不知道她的家世，这其中又包含着对中国传统人伦文化的一种深刻反省，甚至也包含了一种内心的愧疚。重要的是，这篇文章既写了鲁迅童年时候的情感及其前后的变化，又写了他作为成年人对童年情感的反思与追问。对这两个甚至多个层面的思想变化进行了综合性的表现，就构成了“我”对阿长感情的复杂性。

12. 人们普遍认为，作者塑造阿长的形象运用了欲扬先抑的写作手法，该怎样理解这种写法呢？

答：中学语文界普遍认为这篇文章运用了欲扬先抑的写作手法，我认为这个说法是值得商榷的。关于这个问题，我想多说一点，“欲扬先抑”这个说法本身是对一个写作手法极其丰富的文学家的过分简单的概括。中学语文教育有时候会满足于从文章学的角度给学生一个非常简单的结论，这样处理的好处是结论比较清晰，但是也有不小的缺点——把复杂的文学艺术给简单化了。譬如说所谓的“欲扬先抑”，这是一种线性的思维。这种思维背后有一个假设，即该作家对笔下的人物就是或扬或抑，为了更好地“扬”，就先要

“抑”一下。其实对于一个伟大的作家来说，对于一个文学大师而言，他的情感本身可能是多层次的，是非常复杂的，甚至还有点儿含混，特别是一些现代主义的作家，有时候他们自己也把握不住自己的情感。把握不住不是这个作家的劣势，也不是他才华不够，而是他还不能清晰地把自己的情感呈现出来。而这，往往就是这部文学作品内容丰富的一个表现。

是的，前面我们已经作了分析，这篇散文中表现了“我”对阿长的感情，而这种情感是很复杂的。有没有厌烦？有。厌烦是不是真实的？是。但是“我”又因为阿长买来的《山海经》生发出非常真切的感恩之情，她让童年鲁迅体会到了她对自己的那份爱。而这两种情感同时存在，之后又融入了一个成年人对人与人之间应该如何相处的思考。然而“我”到最后连阿长的姓名都不知道，这其实包含了一种深刻的悲伤。这些情感都交织在一起，就不是一个简单的“扬”和“抑”的关系，而是一种多层次的、复杂的情感组合。

如果我来教这篇课文，我会抛弃“欲扬先抑”的说法，尽可能地告诉学生鲁迅的这篇散文是多重、复杂的感情的综合表现，引导学生对这篇散文有更加深入的、突破表面理解的把握。我想，这样一点一点地引导，才是读一篇或一部经典作品的基本思路。通过反复研读，最后读出来的不是一个简单的结论，而是一个丰富的结论。这样，我们的阅读教学才算得上是成功的。

13. 回忆性散文有一个典型特征，就是运用故事中的“我”与写作文章时的“我”这两种视角来进行描叙。具体到《阿长与〈山海经〉》这一篇典型的回忆性散文，我们应该怎样理解文章成功运用儿童与成人双视角的写法？

答：《阿长与〈山海经〉》运用了两种视角，是以儿童视角作为主线，其中也有成人视角的介入与审视，这是这篇作品最大的特色。我们说它的主线是由儿童视角开启的，是指文章几乎处处以儿童的心理、儿童的心态来描写人生的记忆和故事，但是中间又不断穿插作者写作时对人的这样或那样的评价。比如说，鲁迅一生不喜欢闲言碎语、不喜欢在背后搬弄是非，文章中就特别说到“切切察察”。他不大喜欢阿长的一个原因，就是她有“切切察察”的问题。“切切察察”在鲁迅的家乡是很重的一个词，这也说明阿长有普通中国人特别是底层妇女的很多弱点。“切切察察”的出现就证明这不是一个儿童的视角，童年鲁迅并不知道什么是“切切察察”，他也不关心“切切察察”。但是成年之后的鲁迅作为启蒙者，就对这个特点特别敏感、特别关注。

这样的例子可以说俯拾皆是。除了对“切切察察”的揶揄，还有对阿长的姓名问题的关注，等等。可能对于很多的普通老百姓、对于儿童来说，这也不是什么重要的问题。但是对于一个关心中国人人格独立、人格尊严的启蒙者来说，这就是一个非常重要的问题。一个人终其一生，我们都不知道他姓甚名谁，这是一个悲剧——社会文化的悲剧。所以说，鲁迅写这篇文章是以儿童视角为主线，不经意地穿插成人视角。这两者有机地、不断地配合，既展示了一个儿童真实的人生感受，也包含了一个成人站在今天的角度对这段历史的深刻评价。

14. 这篇文章的结尾只有一句话，感染力极强，向来为人们所称道。那么，该怎样理解这个独特的结尾呢？该怎样把握句中的“仁厚”与“黑暗”？

答：最后一段虽然只有一句话，但包含了鲁迅的深情。“仁厚黑暗的地母”，其中的“仁厚”主要是指巨大的包容性，即不管这个人在现实人生当中有多么伟大，也不管他有多么卑微，不管他为人类作出了多大的贡献，或者说他仅仅是芸芸众生中不值一提的一个，当他的生命结束的时候，都将回归于地母广阔的怀抱当中。我认为这是鲁迅对阿长的一种别样的祝福，其中也包含了对阿长生命的尊重。

这里的“黑暗”的性质，跟鲁迅经常说的现实社会的黑暗、光明中的“黑暗”是不同的。我认为这个“黑暗”是就地母而言的，地母是能包容我们所有生命的母体，她对每一个渺小的生命都是包容、关爱的。在更多的时候，她是晦暗的，是看不清的。从这个层面来说，她就是黑暗的。但正因为她是我们看不见、看不清的，所以她又是无所不在的。也就是说，只有这种无所不在的地母的爱能够接受一切被凌辱、被伤害的灵魂，而这正是我们的生命最后的归宿。这里包含了鲁迅对这样一个孱弱的无名生命的真诚情感。

《〈二十四孝图〉》答问

1. 本文题目是《〈二十四孝图〉》，为什么却非常突兀地以“诅咒”和抨击反对白话者开头？而且诅咒和抨击得如此坚决和彻底，是否有点过了？

答：阅读《〈二十四孝图〉》，需要我们对其特殊的历史背景、鲁迅的心境有一个比较广泛、深入的理解。否则，对中间一些特殊的文意和表达方式，我们就很难顺畅地解读，甚至还会产生很多疑问。比如说，从表面上看，它是批评封建孝道的，但是前面用好几段的篇幅来谈文言文、白话文的问题，而且是以坚决的态度来批评那些反对白话文的人，甚至用了“诅咒”这样的字眼。于是，在这里，我们好多老师和同学都会感到有些困惑。第一，觉得游离于批判封建孝道的主题之外。为什么批判封建孝道要用大量的篇幅来谈对反对白话文的人的批评？这其中就涉及鲁迅写作时一个非常重要的用意。在我们过去的阅读当中，一般比较倾向于从某一个比较集中的、明确的主题思想来概括一篇文章的中心思想。这样，当老师讲解的时候，就始终围绕这个中心思想来展开。每一段都是这个中心思想在某一方面的展开，最后集中起来，加强了对这个中心思想的理解。久而久之，我们就觉得围绕某个中心思想层层展开、层层推进，就能够顺利地把一篇文章理解清楚，教育学生也比较容易。但是，这指的往往是一般意义上的“论文”，对鲁迅这样的文学大师实质上是不适合的。什么叫文学大师的创作？它和规范的文章写作方式这两者之间是有很大区别的。大师的思维思想和他的表达方式可以说都是千变万化的，往往有很多地方是不合常理的、是出奇制胜的。正因为他如此不合常理，他的文章最后才是让人叹为观止、拍案叫绝的。

鲁迅这篇文章也是这样。我们过去倾向于很匆忙地找到一个主题，比如说根据它的题目，就说鲁迅是在批判封建孝道，那整篇文章都应该围绕着对封建孝道的批判来写，这样才是主题集中的，每个段落表达的意思也是集中的。但是大家忘了，鲁迅的思维本身就非常开阔，而且往往能透过表象不断地给我们挖掘出一些更深的文化含义来。所以我们不能够满足于对某个表层的结论的梳理，或者说对某个单一思想的概括。比如说批判封建孝道，他为什么要批判封建孝道？实质上我们只有在对文章进行了总体的阅读和把握的基础上，才能对鲁迅有深入的理解。批判封建孝道其实只是表面的，鲁迅实际上是在阐述应该给孩子们提供怎样的书籍，他特别关注的是有图画的书籍。当然，进一步阅读后，我们又有感悟：这也仍然是表层的意义。更深的含义在于：儿童应该怎样在更自然的环境之中得到心灵的呵护？他们怎样才能拥有一个自由发展的环境？这才是鲁迅最关心的。总之，可以说是在探索一个问题：儿童如何能够顺其自然地得到发展？

其实，这是一个儿童教育心理的重要话题：自18世纪启蒙运动以后，我们的思想家就在探索如何从封建专制中解放人自己。启蒙运动的一个非常重要的主题就是对儿童教育的思考。儿童是人之为人的第一步，儿童自然发展的需求是否被尊重是他未来能否成为一个有生命力的、心灵不扭曲的人的关键。所以在那个时候，很多启蒙思想家都提出了儿童教育的问题，其中非常有名的就是法国的启蒙思想家卢梭。卢梭提出“自然的教育”观念，就是强调不要把过多后天的条条框框和人为的约束强加在儿童身上，要回归自然。卢梭是鲁迅非常赞赏和推崇的一个思想者。回归自然、尊重儿童自由的天性，这是鲁迅的儿童教育思想。

我们要在了解这样的思想背景之后来看这篇文章，

从这个思想逻辑出发看它所涉及的几个方面、几个点。只有这样，才能够透过纷繁复杂的、天马行空的表象理出它内在的逻辑来。

那么这个白话文运动的开篇和儿童教育有什么关系呢？白话文运动是成人世界的思想主张、是时代的一种思潮，和儿童的孝道问题、儿童的教育问题相比，后者是更具体的问题，但是它们之间其实有非常深的内在联系。文言文曾经是我们非常重要的语言传统，到近代以后，一些启蒙思想家提出了读写白话文的主张，原因是什么呢？他们为什么要提倡白话文？其实就是为了更好地启迪民智，让普通的人有阅读的机会，也有阅读的条件，当然还有一个可以自由地表达的条件。所以，对白话文的倡导呼应了广大民众的知识生产、知识接受、知识传播的权利和追求。相反，那些反对白话文的人，归根结底其实是反对普通人接受知识文化的权利，也反对大众通过这种与口语相近的语言形式来表达自我的权利。这两种权利的背后，是人自由发展的基本权利的问题。如果从这样的角度来看鲁迅对文言文和白话文的态度，那么有很多的疑问我们就可以迎刃而解了。

换句话说，鲁迅在这里对文言文和白话文的评价不是对语言体系或者其背后文化传统的简单价值判断。有人问：鲁迅是不是就发自内心地憎恨文言文，要摧毁我们的文言文呢？他的态度是不是很偏激呢？在今天，特别是在我们全国上下都倡导国学、倡导尊重和继承传统文化的背景之下，很容易产生这样的误解。其实，我们应该透过态度，发现鲁迅之所以如此表态的立场与用意。

就鲁迅本人而言，他当然不会粗暴抨击或者破坏已经成为我们中华文化一部分的文言文传统，因为鲁迅自身的文言文基础就是很好的，他后来的创作其实也不断从文言文中汲取营养。但是，分析事物还可以有另外一个角度，那就是对其当下社会功能的剖析。比如说倡导白话文，它的根本意义实际上是尊重和维护现实中普通人自由阅读和表达的权利。相反，如果以维护文言文权威的姿态出现，最终维护的又是什么呢？

从知识学的角度来客观地评价文言文与白话文各自的价值，与认真掂量这两种文化捍卫或反对的姿态背后的社会功能，这是两种不同的思维，我们不应该把它们混为一谈。我们过去曾经认为鲁迅和五四运动、新文化运动就是要反对我们的古典文化传统、要反对我们的古典文学，这显然是莫大的误解。鲁迅如果反对传统文化，为什么还要把自己一生的教育和学术研究工作的重心放在对传统文化的整理和研究上呢？他怎么还能写出《汉文学史纲要》和《中国小说史略》呢？对于传统文化作为“知识”的科学态度，与如何评判传统文化在当代生活中的意义，鲁迅是区别对待的。在大力倡导新的文学、白话形式等方面，鲁迅的态度又是明确无误的。对白话文学倡导和赞扬，这关系到我们民族在今天这个时代如何发挥自己的创造力、走向未来。文言文也好，古典文学也好，其辉煌已经属于历史。我们对它们单方向的赞扬不能替代我们今天应该从事的工作，更不能成为我们今天阻挡创造力发挥、阻碍新文学产生的理由。对它们之间的辩证关系的把握应该是教育的重点。今天的教师如何对学生进行教育、引导？这可能存在一些难点，应该慎重处理。

有了这个背景，再来阅读这篇文章开头几段，就能够理解鲁迅为何用比较情绪化的语言来批评和抨击那些反对白话文的人了。鲁迅对那些反对白话文的人的批评和抨击，不是要反对我们的中华文化传统、反对我们的文言文，而是他深刻地意识到了这些反对者的内在心理和这种行为本身所产生的现实影响。什么影响？就是阻挡了现实的每一个中国人的自由发展。

鲁迅在这里用激烈的语言，其实也是在呼唤我们每一个人都要主动捍卫自己生存、发展的权利。鲁迅所维护的是一个人最基本的生存权利，他特别在意的是让儿童拥有自由生存和成长的条件。

2. 主张文言文就是主张封建孝道吗？两者的内涵与外延是不相同的呀！

答：两者的内涵与外延当然都是不同的，但是鲁迅从来不是就事论事。他不是站在这个事情本身来写这篇文章，而是透过这个现象看出背后弥漫于中国文化传统当中的对人的基本理念和基本态度。对文言文的态度和对封建孝道的态度这两者之间，恰恰有着深刻的联系：在人的基本权利方面，它们有着内在的关联性。

3. 鲁迅不就是读文言文长大的吗？鲁迅文章“文白夹杂”的语言风格不就是因为有很深的文言功底才如此别致、独到的吗？

答：这么说当然是对的。鲁迅接受的私塾教育和他早期的教育，当然都是使用文言文的。鲁迅的文章的确也不是纯粹的白话文，而是夹杂着很多文言文的成分，这是学术界公认的事实。但是问题就在于：我们如何来认识这个事实？这个事实与鲁迅在这篇文章的开头说要诅咒和抨击那些反对白话文者之间矛盾吗？我们应该清楚地看到，这两者之间是没有矛盾的。鲁迅知道，白话文的推广和使用是一个时代的重大变革，它意味着普通的老百姓也有机会广泛地学习新的知识，我们的文化能够得到更为普遍的推广。这将极大地推进文化的交流和发展，是现代文明的一个发展趋势。白话文的倡导不是中国的少数知识分子的“反叛”性追求，鲁迅文章的“文白夹杂”实际上体现的是作家始终在探讨的文学性的问题：语言元素应该有什么样的构成？与今天社会普及的白话文相比，文言文所起的独特作用在哪里？鲁迅始终在探索这个东西，所以他的文章并没有抛弃很多特殊的文言文的表达方式，这才构成了我们今天所说的“文白夹杂”的特点。但是，这样一个特点的出现并不意味着鲁迅要捍卫文言文，更不意味着鲁迅言行不一。这涉及对语言的社会功能及文学功能的不同理解，是两个不同层面的思考，所以说我觉得两者事实上并不矛盾。我们作为语文教师教育学生的时候，应该把这两个功能区别开来。到了现代社会，白话文的作用是无可替代的，但是在特殊的文学性表达中，应该允许有多种因素的介入。这个时候，“文白夹杂”有它不可替代的意义。

4. 鲁迅如此捍卫白话文，认为“只要对于白话来加以谋害者，都应该灭亡”，那他自己为什么不写纯粹的白话文呢？

答：这个问题我前面已经说过，这是两个不同层面的追求。鲁迅在文章一开头对白话文的这种捍卫，实际上是站在社会文化普及的意义和层面上对人的基本受教育权的一种捍卫；从全文来看，更是对儿童自由生长、自由发展的权利的捍卫。不写纯粹的白话文，则是因为他要探索一种更为复杂的表达方式，表达复杂的思想需要一些文言文的介入。

5. 文章开头火药味十足，作者为什么有如此大的火气？

答：这也是我前面谈到的，在文章一开头，鲁迅就开门见山地向我们道出了他最为关心的问题，即人的自由生长的权利的问题。而那些反对白话文的人，实质上从根本上漠视了人的基本权利。鲁迅当然没有丝毫妥协，他用了一个充满火药味的词语，要诅咒，要猛烈地抨击。

6. 第二段提到了“文学革命”，所谓的“文学革命”

“文白之争”不是“五四”时期的事情吗？本已经过去好几年了，为什么又重新如此激烈地提起？

答：恰恰是因为文学革命过了多年了，但是对于人的解放、人的启蒙的问题，鲁迅发现根本没有解决。在现代中国，如何理解人？如何尊重和维护人的自由发展、自由生长的权利？这些根本性的问题在中国没有发生重大的改变，所以他才忧心如焚，一直在这里如此激烈地提及。这是基于现实中国本身的“焦虑”。

7. 文学革命对当时的知识分子“发现儿童”有什么影响？如何向学生介绍相关的背景知识？有无相关的图片参考（比如文学革命前后的童书数量和童书内容、封面设计的变化等）？

答：可以说，正是文学革命让知识分子发现了儿童。文学革命的本质是人的发现，它发现了人的意义，提出了“立人”的主张。通过文学“立人”是因为文学是能诉诸感情的，是能呈现人的精神需要的。在深入地开展文学革命的过程中，我们进一步发现了个人的价值，发现了人基本的、自然的生存权利。从人的生命周期来看，首先就体现在对儿童的发现上。所以说，如果没有“五四”文学革命，我觉得我们还不能够真正地发现儿童。因为有“五四”思想启蒙，“人的发现”很自然地引导了“儿童的发现”。当时，对民谣的收集出版、对学堂乐歌的传唱和创作、对古代儿童读物的整理以及对外国儿童文学、儿童教育理论的引进等都成了时代的潮流，这是以前任何时候都不可比的。当然，在执着的启蒙理想者鲁迅看来，依然存在极大的努力空间，这是他写作本文的动机之一。

8. 引用“马虎子”或“麻胡子”，言在此而意在彼，似乎是“很鲁迅”的杂文写法。该怎样理解和鉴赏这种写法？

答：这个问题就是关于引用“马虎子”或“麻胡子”的写作意义。的确，这是比较典型的鲁迅杂文写法，是一种娓娓道来的很自然的写作方式，通过一个历史的典故自然引入对当今社会文化的分析。我觉得，这里的意义还不是简单的所谓“言在此而意在彼”。那是什么呢？实际上，鲁迅是以貌似轻松的一种文笔道出了我们对待儿童的这样一种心理由来已久。我们对儿童不是鼓励和启发，而是恐吓，是用成人世界制造的谣言来阻碍儿童的自然成长。这种思维很久以前就有了，你看他说到这个《开河记》，说到隋炀帝开河等故事，又说到北京的习俗。看来，无论是历史还是现实，都存在这样一种教育儿童的心理。在这里，鲁迅就引出了一种对待儿童、教育儿童的思维方式，这样的思维方式已经深深地根植在了我们民族文化的无意识当中。所以，有了这一段的历史追溯，我们就不难理解第二自然段末尾的这句话，“妨害白话者的流毒却甚于洪水猛兽，非常广大，也非常长久，能使全中国化成一个麻胡，凡有孩子都死在他肚子里”。这句话实质上从某种意义上回答了这篇文章的第一段，说明了作者为什么“要上下四方寻求，得到一种最黑，最黑，最黑的咒文，先来诅咒一切反对白话，妨害白话者”。这就是说，因为这样一种“反对”妨碍了新文化运动，所以它妨碍了人的基本生存权利。那么，这样一种文化传统所具有的危害性真的与我们对儿童的吓唬难分伯仲。

9. 第四段似乎涉及当时鲁迅和现代评论派的争论，现代评论派反对白话文吗？您能介绍一下当时论争的背景或情形吗？

答：该问题就是涉及鲁迅和现代评论派的争论，这里主要不是说现代评论派反对白话文。现代评论派也是现代知识分子的一个流派，它并不反对白话文。但在一些对待人的现实权利的问题上，现代评论派与鲁迅出现了根本的思想冲突。比如说在女师大事件中，现代评论派不自觉地站在既得利益者——“绅士们”的立场上，对青年学生的基本权利大加漠视，也站在维护现实统治秩序的立场上，轻视青年的人格与理想。鲁迅发现，现代评论派这种所谓维护社会公正、维护社会秩序的态度表面上看来好像是很公正、很讲理的，但是它其实恰恰扼杀了人的生命自由。在这些人的思维当中，像鲁迅那种情绪性的反对白话文的诅咒是很奇怪的、不正常的。鲁迅故意把他们攻击自己的话引出来，表明自己的不屑一顾。在这里，我觉得鲁迅刻意突出了那些以公正自居的知识分子的虚伪性。他们虽然不反对白话文，但是在漠视人的基本生存权利、漠视年青一代的生命权利的意义上，和那些主张文言文、抨击白话文的人拥有一样的内在逻辑。

10. 第六段中的“给我们的永逝的韶光一个悲哀的吊唁”一句该怎样理解？

答：通过回忆自己的过去，鲁迅与今天作对比，也与别的国家作对比，观察我们的儿童在发展当中到底有什么遭遇。这里出现了几个不同的情形。启蒙运动之后，人的观念发生了改变，儿童读物应运而生，不过还只是在初期。所以鲁迅用了一个词“粗拙”，说明还有很大的改善空间。这样一种情形比起早年已经有所不同了，过去的时代主要是一种禁忌式的教育，学生受到种种桎梏。在这种今昔对比当中，“我”觉得自己青春的、年幼的时代是很悲哀的。鲁迅既写出了中国历史的一种进步，也写出了这种进步的有限性，说明我们还有很多的工作需要做。

11. 第七段中的“因为那地方是鬼神为君，‘公理’作宰，请酒下跪，全都无功，简直是无法可想”一句该怎样理解？

答：这是鲁迅的一个幽默笔法。他是在说，在过去，在他的童年时代，私塾里读的书是有禁忌的，但是在私塾之外倒还是有些书可读，那就是关于神鬼这些民间性的东西，可以在儿童当中悄悄流传。这是在过去那个时代，能够触发儿童自由想象的重要元素。不过，鲁迅说到这里，实际开始了思维的跳跃。他借着自由的思维，把鬼神世界和人间作了一个对比，说鬼神世界的特点也是道理很多、规矩很严，只是那里更没有人情世故，一切都是按照制定好的规则来办。这就叫作“‘公理’作宰，请酒下跪，全都无功”，就是说你行贿受贿、讲人情、走后门儿这些都是没有用的。所以，在中国的天地间，不但做人，便是做鬼也艰难极了。无论是阳间还是阴间都有种种的规定，有种种的限制。但是最有意思的是这一段的最后一句话，鲁迅说，阴间虽然也很严，严苛规矩也很多，但是比我们阳间还是有优势的。有什么优势呢？就是“没有流言”。在这里，鲁迅非常幽默地又把笔指向了当时中国社会上那些故作“公正”的以流言杀人的人。换句话说，旧中国对人的戕害不仅仅是通过各种各样的条款规章，让人防不胜防的还有这些无形的“流言”。这是将批判的力度加大了，直指压制人的各种社会现实。

12. 该怎样理解第八段阿尔志跋绥夫和密哈罗夫的通信？其中的“劝你自杀来祸福你自己的生命”是什么意思？

答：这里鲁迅讲了一个现实当中对待别人的态度问题。阿尔志跋绥夫说了一些批评现实的话，其中提到，倘若在生活当中没有什么希望的话，倒不如死去。这其实就是他对人生的一种很真切的感受，没有什么不妥的。有一个叫密哈罗夫的写信去讽刺阿尔志跋绥夫，说以你的智商来“祸福”你自己的生命，这里“祸福”两个字特别引人注目，也可以说触目惊心。密哈罗夫的意思是用你的死来为生命增添你自己需要的福祉，你的自杀得偿所愿。这个攻击是非常冷酷的，也是非常无情的。鲁迅为什么引出这个密哈罗夫呢？其实他是在用密哈罗夫来暗指那些和现代评论派一样的绅士。有人对现实社会有所批评时，他们却站在一边冷言嘲讽，其实就是一种冷酷无情的体现。那么“祸福”两个字就清晰地证明了这种人如何冷漠地对待别人的痛苦，不惜动用刻薄的语言来嘲弄别人。用我们今天的话来说，这就叫“吃人血馒头”。

13. 第九段“这些时候，勇敢，是安稳的；情热，是毫无危险的”一句引用了谁的话？该怎样理解？

答：到目前为止，鲁迅全集的注释者都没有能够查到这句话是引用谁的。我想这不要紧，关键在于这句话描述的是什么。我认为，它描述了像密哈罗夫那样的人是如何对待阿尔志跋绥夫这种真诚的自我表述的。他就像陈西滢和现代评论派一样强调所谓的言行一致，因而带着这种阴阳怪气的语调。所谓的勇敢和情热，都是基于一个无关痛痒的立场。因为无关痛痒，所以永远不会给自己带来危险。鲁迅用引号突出这一句话，提醒我们这种人生态度的虚伪性。

14. 第十五段“小孩子多不愿意‘诈’作，听故事也不喜欢是谣言”这句话有何儿童心理学的依据？在现实生活当中，小孩子通常很早就知道动画片、神话故事、民间故事都是假的，老师和大人也会告诉他这只是

“编”的故事。

答：我们需要知道，儿童有着非常接近原始人的思维，这个原始思维的一个重要特点就是幻想与现实不可分。对他们来说，一切都是真实的，他们也愿意相信这是真实的。只有在那种幻想和现实不可分的状态当中，儿童的心智才能得到自由的、全面的发展。至于说在现实生活当中，小孩子通常很早就知道动画片、神话故事、民间故事都是假的，我想这是因为教育被理性化了。

如果我们的教育太依赖科学，一开始就告诉孩子这是假的、这是虚构的，就打破了孩子对世界朦胧和混沌的想象和理解方式。这种所谓的“科学的真实”伤害了儿童富于幻想的心灵，我想这恰恰是教育的失误。

15. 文章题目是《〈二十四孝图〉》，可到了第十一段才提到这本书，前面的铺垫是不是篇幅太长了？文章开头几段好像与主题没有太大关联，迟迟没有入题，是否可以删去？

答：当然不是，这样的篇幅是非常有必要的。鲁迅真正评论《二十四孝图》的文字并不多，他是借着这个由头谈论人如何生存、儿童如何生存。他也没有全面评论和描述《二十四孝图》，只是借其中的几幅图谈了他的观点。他主要关心的还是人如何才能在社会中获得一种自由和自然的生活状态。这个状态与其说跟《二十四孝图》有关，还不如说跟人们对待白话文、对待人、对待生命的态度以及文学革命的意义等有关。鲁迅对陈西滢等所谓的绅士以及对这种虚伪的“公理”入木三分的刻画，都在不断折射出他对人生、对生命的基本认知。所以说，这些看似很零散的细节感受，才综合性地体现了鲁迅要表达的思想。

至于说迟迟没有入题，关键在于我们怎么理解这篇文章的主题。就像我说的，千万不要以为作者是要描述或者评价《二十四孝图》，这只是文章的一个由头。透过这样一个由头看到中国人对生命的态度，特别是对儿童教育的态度，才是鲁迅更为关注的内容。

16. 文中写不识字的阿长讲《二十四孝图》，用了“只要……便……”“滔滔”等语句，有何表达效果？

答：我觉得这里恰恰表明了《二十四孝图》是多么深入人心，多么为普通的中国人所熟悉。《二十四孝图》中传播的一些故事和基本的理念是普通的百姓耳熟能详的，即便是不识字的阿长也对它的内容十分熟悉，这正是鲁迅想要剖析它的一个重要原因。

17. 如何对待鲁迅文章中的古训类、考证类、古书引文类文字？在教学中如何处理才能让学生更好地理解它们？比如第十四段中朱熹的引文。

答：在文章中自由地引用各种古训、考证，这是鲁迅文章一个非常重要的特点。当年王富仁先生在讨论鲁迅小说的时候就提到过，鲁迅有意识地把中国传统文化与现实生活当中的感受勾连起来，让人在现实中读出传统，又把中国传统文化中一些基本的道理与现实生活的感受很自然地联系起来。这是一种独特的古今串联的方式，带领我们透过现实看历史文化，又透过历史文化来剖析现实。

在为学生讲解这些内容的时候，我觉得首先要疏通词句，如果遇到了典故、传说，都应该仔细地给学生讲解，让他们明白各种典故、古训、考证的出处，然后透过历史看到鲁迅在引述这些文字时的基本态度，让学生进一步体会到鲁迅以古讽今、以今讽古的写作特色。

18. 第十六段中说“正如将‘肉麻当作有趣’一般，以不情为伦纪，诬蔑了古人，教坏了后人”，文言文是否就是这样一种语言呢？白话在语言的性格和情趣上是否就与此相反？

答：我觉得这句话没有刻意指向文言文是这样一种语言，鲁迅并不是在对文言文本身的特点和性质下判断。鲁迅的整个思想都是在中国传统文化和西方文化的交流当中成长起来的，他并不会对任何一种文化加以谩骂和调侃，他更关注的是现实中的国人如何对待这些文化。这句话指的与其说是文言文，不如说是把历史的沉渣当作教育人的工具这种扭曲的思想。也就是说，问题并不出在语言本身，而出在那些本来应该成为语言和文化的主人的人。他们放弃了关注生命和关怀现实的追求，这就叫“以不情为伦纪，诬蔑了古人，教坏了后人”。总之，是那些人扭曲了我们，扭曲了我们的文化传统。

19. 为什么在中间要提到“阴间”和“小鬼”?

答：这里提到阴间，是因为儿童时代的读物中最富有想象力的内容往往都是通过对另外一个世界的描绘体现出来的，过去的儿童读物富有想象力的部分往往就是与鬼神有关。鲁迅没有止于这种描述，他进一步发挥，指出阴间还是有规矩的，不会任由那些虚伪的人作祟，所以对比之下，今天的阳间还不如传说中的阴间。他得出这样一个结论，当然是对现实社会的莫大嘲讽。

20. 作者为什么将自己代入“陆绩怀橘”和“卧冰求鲤”的故事中?

答: 凡是代入,都是为了描绘自己的真切体会。因为作者真切地描绘了自己的体会,所以他才能够从正常人性的角度来评价这样一种孝道教育。只不过,鲁迅并不是在全面地评述和判断《二十四孝图》的是非得失,而是借着历史来观察曾经的中国社会、中国文化,看看哪些地方没有尊重儿童的天性。我们过去简单地认为鲁迅对《二十四孝图》是全盘否定的,其实他是就事论事。他注意到了传统社会的孝道理念和人性之间的复杂关系,包括“子路负米”“黄香扇枕”之类,鲁迅也说是可以勉力仿效的。但是对于“卧冰求鲤”之类的行为,鲁迅认为我们应该有自己的思考。

21. 难道白话文之前的中国文化读物就没有适合儿童的吗?读《二十四孝图》真的会对儿童有那么深的毒害吗?

答: 鲁迅对任何一个文化问题的讨论都是针对现实中的具体现象提出来的,他其实并没有对中国文化下简单笼统的判断,也没有断言《二十四孝图》只是对儿童的毒害。其实鲁迅这篇《〈二十四孝图〉》写得很丰富,内容值得我们细细体味。它既有对过去的文化的理解，也有对其现实功能的质疑，但焦点始终是讨论当下中国人在儿童教育中到底缺乏什么。鲁迅是针对这个问题来加以议论，而绝不是对整个中国传统文化不加分析地批判和否定。

22. 最后一段说“总觉得她是和我不两立，至少，也是一个和我的生命有些妨碍的人”，鲁迅仅仅是因为看了《二十四孝图》就说自己与祖母“不两立”吗？

答：我觉得这里鲁迅的用词“有些妨碍”非常审慎，也非常有趣，他和祖母从个人的情感上来说并不是对立的。事实上，在别的一些文学作品中，鲁迅非常深情地回忆了祖母对自己的教育、回忆了祖母和自己之间的深厚情感。他这里的用词实际上是告诉我们，不是“我”作为人、作为个体和祖母之间有什么矛盾，而是在祖母背后有一种基于民族和国家的文化理念在客观上造成两代人之间的矛盾和冲突。他用的词——妨碍，是一个精心选择的词。他没有说戕害、迫害，说明这种矛盾是文化理念上的，而非人际关系上的。鲁迅在这里进行的仍然是文化上的反思，而不是夸大现实当中人与人的矛盾和对立。

23. 最后一句“儒者所万料不到”想表达什么？

答：这是在说中国传统教育理想和现实的背离。

儒者就是读书人，他们的初衷大概是维护这个社会的伦理关系。但是因为他们存在忽视正常人性的儿童教育理念，事实上是在有意无意之中制造了人与人之间的精神隔膜。所以鲁迅用了“万料不到”这个词，表明我们的文化理念、教育理念和这种文化的承受者之间其实有相当深的隔阂，亟待一场文化改革运动。

24. 鲁迅对《二十四孝图》中的故事进行的分类科学吗？究竟该怎样评价这本书？

答：这是一篇散文，散文就是要自由地表达，对伦理现象展开科学的分类不是一篇散文的目的。我觉得鲁迅并没有对《二十四孝图》进行所谓科学的分类，但是他的基本态度是合理的。他并没有简单地否定《二十四孝图》，而是一一叙述，承认其既有在现实生活中鼓励人行善积德的一面，也有即便是那些宣传《二十四孝图》的人也未必能够躬身实践的荒谬的一面，这就促使我们进行更加理性的思考。在这个意义上，我觉得鲁迅的分类叙述是合理的，他对这本书的评价也是实事求是的。

25. 这篇文章究竟是要批判反对、妨害白话文者，还是要批判《二十四孝图》所宣扬的封建孝道？

答：我觉得这篇文章既不是仅仅为了批判反对白

话文的人，也不是仅仅为了对《二十四孝图》进行专门的抨击，而是对存在于我们的文化教育事业和社会生活中的人性问题进行归纳考察、展开反思，从而揭示中国人的儿童教育观、生命观。

26. 作者写完《阿长与〈山海经〉》后写了这篇文章，为什么这两篇文章的写法和语言风格差别这么大?

答:《阿长与〈山海经〉》与《〈二十四孝图〉》在语言风格上有一定的差异。《阿长与〈山海经〉》娓娓道来，字里行间透露出人与人之间的关系的温馨和亲切;《〈二十四孝图〉》的情绪色彩比较强，思维跳跃性很大。因为后者针对的是我们的现实社会的重要问题，比如儿童教育问题、白话文问题，它的社会性要强于前者。《阿长与〈山海经〉》主要是对世俗生活中的人伦情感的追忆和感悟，而《〈二十四孝图〉》直接联系到当时中国社会文化的一系列重大问题，也联系到对知识分子群体如现代评论派的批判。但两者也是有相通之处的，它们都通过世俗的生活感受来提炼一个民族的文化的内在特点。充分运用想象和联想手法，也是两篇文章的共同特点。

27. 这篇文章与《朝花夕拾》整本书温馨亲切的主体风格格格不入，也鲜有生动有趣的回忆与描写，更多的内容是作者直接站出来进行表态、批判，不怎么像一篇回忆性散文。该怎样理解、评价和把握这个特点？

答：《朝花夕拾》整本书温馨亲切，这篇文章确实跟整本书有一点距离。但是，一个优秀的作家特别是一个文学大师在文学创作上既有统一性又有差异性，这是十分正常的。而且我们要注意，虽然在《〈二十四孝图〉》中有较多的表态、批判，但它总体上还是符合一篇回忆性散文的特点的，就是通过作者儿时的感受带出对当下儿童教育的一些思考。当然，因为涉及一些现实中发生的事件，包括与现代评论派的争论，有时候作者情绪比较激昂。但是千万不要因此把《〈二十四孝图〉》就定义为作者对封建孝道进行批判的文章，它其实远远超出了这个主题，是一篇关于生命的自由漫谈。和《朝花夕拾》其他篇章一样，它的思考、批判是通过回忆呈现出来的。这样看来，本篇与《朝花夕拾》的其他作品又没有根本的不同。

《五猖会》答问

1. 五猖会是怎样的一种民间习俗？文章用很多篇幅描写的迎神赛会和五猖会是什么关系？

答： 五猖也叫五通神、五郎神等，相传是横行乡野、作恶多端的野鬼，又有传说为兄弟五人，人们祀之是为免患得福、福来生财，所以，当时江南民间有供奉五猖的习俗，五猖会就是过去乡村为供奉五猖而举行的迎神赛会活动。

文章用很多篇幅描写的迎神赛会和五猖会有什么关系呢？我觉得这可以从两方面来说。一方面，文章的最后，鲁迅清楚地告诉我们，去看五猖会原本是他日夜盼望的，但是却因为出发之前父亲忽然提出让他背诵《鉴略》，有了一次非常不愉快的体验。所以，鲁迅关于五猖会的这些记忆都已经模糊了，唯一记得的就是十分意外地被要求背诵《鉴略》，这种记忆“还分明如昨日事”。从逻辑上来说，这个背书事件的发生干扰了他的思想和情绪，造成了记忆的模糊，所以给他留下深刻印象的恰恰不是五猖会本身，而是其他的迎神赛会。这从逻辑上是说得通的，因为他的记忆模糊了，记不住真正的五猖会，而记住了过去乡村的其他迎神赛会。

另一方面，这篇以《五猖会》为题目的文章确实没有怎么写五猖会本身，而是写出了鲁迅对其他迎神赛会的热闹氛围的向往。这样一份想象和感情，我觉得更好地点明了鲁迅的中心思想：不是关于五猖会本身，而是对乡村一切迎神赛会的主观感受。包括在看五猖会之前发生的背书的插曲，这是一段创伤记忆。文章虽然以《五猖会》为题，但是五猖会本身却没有给鲁迅留下深刻的印象。这本身就是一个耐人寻味的事件，足以留给读者深思的空间。

2. 文章题目是《五猖会》，读者一般会认为内容是介绍五猖会的一些知识或者描绘赛会场景，但文中却用很多篇幅描述了父亲让“我”在看五猖会之前背书的经历，这个标题是否恰当？

答：我觉得这个标题比较恰当，而且引人思索。因为显然鲁迅在这里并不是真正地描写五猖会多么热闹、多么令人难忘，而是表现了一个孩子在对自己最向往的活动充满期待的过程当中如何受到打击。

3. “于是，完了。”这句话只有四个字，但似乎有种别样的意味。应怎么品读、理解这句话的意蕴？

答：“于是，完了。”这是一句非常简洁的判断，它生动地以语言的方式向我们模拟出，这样一场盛大的乡村迎神赛会是以这样匆忙的方式走到尾声的。对一个孩子来说，就这四个字，其实就足以让他产生深深的失落。他所有的想象、所有对活动的幻想，都因为这样一个无甚内容的结束而倍感失落、深受打击。所以，“完了”本身是一个包含着深深的失落的表达。

4. 可是结果总是一个“差不多”，作者写这一次又一次的失望，目的是什么？既然感到很失望，为什么还要写吹上两三天“吹都都”？不矛盾吗？

答：所谓一次又一次的失望这个话，也可以反过来表述——虽然失望，但是一次又一次地充满期待、充满向往。一个正在成长当中的小孩子的正常精神需求，就是对这种乡村娱乐活动的深深的向往。虽然失望，却并不能熄灭他自己对这种活动的期待。为什么还要写吹上两三天“吹都都”？这种吹奏的行为本身就是一种自我心灵慰藉，所以说丝毫也不矛盾。

活动已经结束了，还要独自“吹它两三天”，这当然是一种自我宽慰和化解，我觉得从中恰恰能看出一个小孩子对迎神赛会活动的由衷向往。只有将这两者结合起来，我们才能真切地感觉到他的深切希望和希望无法满足后深深的失望。

每一个民族，每一个普通的人，都有一种不可遏制的对精神生活的需要。在中国乡村的迎神赛会中，其实就凝聚了我们普通中国人、广大的老百姓的生活理想和对人与世界、人与宇宙的关系的一种充满想象力的自我娱乐。这样一种活动本身，对于任何一个民族来说都是很正常的。西方人有他们的宗教仪式，在中国，我们有这样充满民间色彩的民俗幻想。正是由于有这些民间信仰的存在，我们人类才完成了人与人之间、人与自然之间独特的精神交流和文化建构。

5. 根据文中从《陶庵梦忆》的记载到鲁迅所亲历的情况，中国人自古以来就对“赛会”充满了热情。应怎样看待这种现象？为什么用了那么多个“寻”字？

答：寻的本义为张开两臂测量物品长度，后引申为常见的探究、搜索等意思。寻是一个主动出击、搜索自己的目标的动作，这个主动性的词语生动地再现了传统迎神赛会活动的热烈。作者连续不断地用“寻”字，呈现出了当时人们对这一活动的投入和热忱。

6. 第三段引用《陶庵梦忆》中的相关内容极力渲染明代赛会的豪奢，与全文主旨有何联系？删除此段，第二段和第四段也可以自然衔接，这一段是否多余？

答：用大段落渲染明代赛会的豪奢，恰恰与鲁迅所要表达的主旨即民间社会的日益衰落形成一个鲜明的对比。所以说，这一段恰恰揭示了激发小孩子关注迎神赛会活动的重要原因，不能删除。

7. “可惜这种盛举，早已和明社一同消灭了。”为什么要提明社？两者有什么内在联系吗？

答：明社就是明王朝，社就是社稷，这是对过去的朝代、国家的一种称谓。鲁迅在这里特别提到，这种盛举早已和明社一同消灭了。这就是说这个时代结束了，其中有两个含义。其一，表明一个重大且重要的文化传统在历史的发展当中走向衰落，隐含着鲁迅对这种民间传统的缅怀。其二，大家知道，晚清民国的知识分子对清政府的专制是持批判态度的，明代的结束不仅被看作一个朝代的结束，也意味着一种文化传统的结束。当然，鲁迅并不是一个狭隘的民族主义者，在这里，他是在借着一个汉族政权的消灭哀悼一种历史久远的文化传统的消失。

8. 为什么迎神赛会不许妇孺们观看？

答：迎神赛会不许妇孺们观看，这里边包含了我们的传统伦理道德中的一种禁忌。据说，这些迎神赛会当中常常有儒家文化所反对的一些内容，比如说“怪力乱神”。这个五猖本身在民间的传说当中就是邪神，据说是野鬼，同时作恶多端、淫邪妇女，所以五猖会不许妇孺即妇女儿童观看。

当然，这种禁忌本身也是对人性的遏制，特别是对小孩子的好奇心、想象力而言，都是一种压制和打击。我想，鲁迅特别说到迎神赛会不许妇孺们观看，就是借妇孺们在文化习俗当中受到禁锢这样一个事实埋下了一段反思传统文化的伏笔。

9. 为什么将迎神赛会与“上海的旗袍”“北京的谈国事”相类比？

答：上海的旗袍当时被北洋军阀孙传芳认为有伤风化，下令禁止。同时，北京的军阀为了束缚思想、压制言论自由，要求在饭铺、茶馆等多处张贴“莫谈国事”的告示。这其实都是对思想的禁锢。虽然这种社会文化生活中的禁锢并不能完全同民间赛会的消失相提并论，但是鲁迅把它们勾连叙述，也可以展示出一个时代对自身文化的破坏逐渐成为不可挽回的事实，从而饱含着一种哀悼之情。把对民间赛会的记忆与宏大的社会政治相联系，这正是鲁迅思维的特点，也是鲁迅文学创作的特点。哪怕是在童年时代的遥远记忆当中，也不断地勾连当下社会生活的内容，这就是鲁迅散文和杂文特有的一种批判性。

迎神赛会的日益衰落和“上海的旗袍”“北京的谈国事”受压制的状况，表面上看来是没有关系的，但其实都是暗指社会文化的管理机制日益走向严酷、日益增加了不同的禁忌。这些都是社会文化的发展受到压制的一种消极现象，从中折射出鲁迅对国家民族生存活力受到禁锢的批判。

10. 第四段的“眼学”是什么？是现场考察、田野调查还是文物鉴定、文献考证？

答：眼学是对传统读书人的一种要求，指的是亲自阅读研习，勿轻信他人之说，相当于今天我们常常说的重视亲眼所见的“第一手材料”，对“二手货”多存疑虑。这也与现代学术的现场考察、田野调查精神一致，对文物鉴定、文献考证都适用。

11. 如何看待当时小鲁迅盼着“扮犯人”的心愿、心理？这个想法和什么民俗有关？现在是否还存在这样的民俗？如果存在，在何地盛行？

答：“扮犯人”涉及江浙一带的民俗。一般家中有人生病，在求医问药都无效的情况下，按照民间的习俗，就会向城隍老爷许愿，派家中的儿童扮成犯人随巡游的队伍绕示一周，以示谢罪。民间认为，这种做法就会让病人好起来。现代作家茅盾写过，自己九岁的时候曾经扮过一次这样的犯人。当时是茅盾的父亲生病了，他的祖母多次提出要去城隍庙许愿，都被他的父母拦住了。到他父亲卧床的第二年夏天，老人见到儿子病势沉重，就不管家人的反对，自己到城隍庙许了愿，让孙子扮了一次犯人。茅盾后来回忆说，这是乌镇当时的迷信，他虽然扮了一次犯人，但父亲的病未有一丝好转。

至于现在是否还存在这样的民俗，至少在公开的记载中，我们没有看到。

12. “然而记得有一回，也亲见过较盛的赛会”，并进行了较为详细的描写，为什么却说“然而我到现在终于没有和赛会发生关系过”？这是指自己参与其中的扮演，而并不仅仅是观赏吗？

答：这是指自己参与其中的扮演。

13. 第五段为什么要引述《聊斋志异》对梅姑庙的记述？又为什么要提到“礼教”？

答：世俗礼教规范着人的伦理关系，而民间的传说则往往打破了这样的禁忌，顺应了某种“以人性为基础”的行为。这恰恰就是民间信仰的魅力，也激发了孩子们幻想的能力。这些关于“人性”的故事当然不符合传统礼教的约束，或者说恰好与传统礼教规定的现实秩序形成了鲜明的对比。也就是说，提及礼教正是为了反衬出民俗世界的巨大吸引力。

14. 在介绍和描述五猖庙时，为什么要写到“据有考据癖的人”“有什么猖獗之状”“并不‘分坐’”“殊与‘礼教’有妨”“‘又作别论’”呢？

答：这就是民间信仰的特点，没有人能够说出它准确的出处，甚至其形式和内涵本身也充满歧义、矛盾重重，并不能够如科学分析一般清晰，但却因为触及人性正常的需要，自有一种难以替代的魔力。作者在这里生动地描写了五通神传说的民间影响力。

15. 文章描写父亲的出场方式意在突出强调什么？

答：父亲出场时全家肃穆，既是家长权威的展现，也是孩子承受传统严苛教育的开始。这样的描写一下子就把我们“带入”到孩童的感受之中，让读者设身处地地感受当时的“家长的权威”。

16. 鲁迅读《鉴略》应该是在 7 岁开蒙读书时，当时还应是在读家塾，还没有去家族外的三味书屋读书。您对几岁的孩子就读《鉴略》这样的教育安排怎么看？文中为什么特别强调“我其时是七岁”？

答：正因为年仅7岁就被迫阅读一些社会历史的宏大教育，鲁迅才深受精神的挤压，所以铭记终身。这是传统教育的严苛之处，也是传统文化在无形中对一个年幼生命的强力改造的起点。鲁迅7岁即步入了被改造的行列，文中体现了对传统教育方式的一种深刻的批判。

17. "'去拿你的书来。'他慢慢地说。"为什么强调"慢慢地"?

答："慢慢"与全家人急切外出的心情形成了鲜明的对比，在文学描写上造成了一个极具戏剧性的对照场景，引发读者驻足观看、旁观深思。"慢慢"对于一个人来说也暗示了一种稳重和权威，从这里透视出父亲的威严和"我"因为这种威严而产生的巨大的心理压力。

18. 鲁迅把"我"急急诵读的声音比作"深秋的蟋蟀""在夜中鸣叫似的"，有何用意？您怎样看待作者被父亲逼迫读书时的内心感受？

答："深秋的蟋蟀"声是季节轮换之际一个渺小的生命的哀鸣和叹息，这样的比喻生动地刻画出了年仅7岁的儿童面对教育高压时的无力和孱弱。何况这种突如其来的背书刚好发生在孩子满怀希望的时刻，其造成的挫折和不适是可想而知的。

19. 作者背书时“一气背将下去，梦似的就背完了”，为什么背书如梦呢?

答:“梦”是迷茫的，对自我的精神世界无可把握。这说明这样的背书完全与个人的精神成长无关，仅仅是一种机械的教育形式。

20. 父亲强迫作者背书，作者对父亲的情感是怎样的?

答:作者对父亲的严苛要求当然是不解和无奈的，不过也没有立即上升到对历史文化和教育制度的剖析之中。他更多的情感还是困惑，内心受到的伤害很深刻但又很隐晦，未来才慢慢发觉。文中用了“诧异”这个词，说明他仅仅是对这一次安排无法理解，而不是对父亲的全部教育都怀疑、否定。这是一种有节制的批判，更符合一个懵懂无知的儿童的心理。鲁迅依然严守了散文的这些儿童视角，并没有直接跳出来议论思想文化。儿童视角诉诸我们每个读者的是情绪感受，而不是理性的结论。这样描写的侧重点在于对情感的唤起。

21. “父亲点着头，说”，这个逗号是否多余?

答： 逗号将“点着头”和“说”区分开来了，说明这是前后发生的两件事情，点头是一种内心的判断，而说话则是一种沟通的方式。父亲先点头再发表意见，可见他对背诵《鉴略》这个安排颇为看重，当作对“我”身心成长的一种有意识的设计和郑重安排，进而可见传统的教育理念对父亲影响深远。

22. 为什么一开始渴盼的“五猖会的热闹”对“我”都没有什么大意思了？

答： 这种严苛的教育方式摧毁了孩子的精神幻想，打乱了他的情绪节奏，也就是说已经迅速留下了不可逆转的伤害。

23. 为什么最后说“别的完全忘却，不留一点痕迹了，只有背诵《鉴略》这一段，却还分明如昨日事”？该怎样评价当初读背《鉴略》的教育？

答： 教育的严苛伤害了孩童自由的心灵，已经在那一时刻搅乱了他的精神世界。记忆的丧失其实就是精神世界中断的正常机制，是被现实伤害“修改”的体现。这个故事说明传统教育理念在很多时候的确不够尊重儿童的天性，仅仅将教育用于灌输成人世界的种种社会观念，这个教训是深刻的。

24. 结尾一段“我至今……还诧异……”为什么如此说？此时的“我”已经是成年人，应该懂得了当年父亲的用心。作者是真的诧异吗？难道他成年后真的还不知道吗？

答：作者的诧异来自父亲形象的多重性，父亲在其他时刻的温和、善良和此时此刻的表现反差巨大，让人无法解释。当然这也说明传统中国的教育理念已经深入人心，即便在如父亲这样善良的长辈身上也不可改变。

25. 本文篇幅不长，但内容非常丰富、深刻，有振聋发聩之效。作者是怎样处理详略关系的？

答：本文涉及的过往记忆很多，但作者始终以儿童的创伤记忆为中心，所有的故事最后都回到这种深刻的失落之中。前面详尽的描绘恰恰构成与精神失落的对比，后面虽然精短却恰到好处，前后呼应，详略处理得当。

26. 鲁迅对孩子的教育认识得这么深刻、透彻，那他是怎样对待自己的孩子的呢？

答：鲁迅显然是从自己的童年创伤之中汲取了深刻的教训，所以他对自己的孩子周海婴采取了宽松的现代教育，尽量尊重。许广平在《鲁迅先生与海婴》中说，鲁迅对孩子的教育是“顺其自然，极力不多给他打击，甚或不愿多拂逆他的喜爱，除非在极不能容忍，极不合理的某一程度之内”。

27. 本文与之前的《我们现在怎样做父亲》有什么内在联系？

答：与《我们现在怎样做父亲》一样，本文也涉及对儿童教育的反思，如何“解放幼者”“放他们到宽阔光明的地方去”是两篇文章共同的价值导向。然而，《我们现在怎样做父亲》是论说文，侧重于理性的分析和说明，仿佛是一位父亲的自我总结和深思；而本文却是散文，主要诉诸感性的熏染，透过孩子的感受让我们体会到受教育者的精神需求。

28. 本文与之前的《狂人日记》有什么内在联系？

答：在“救救孩子”这一大的主题上可以说具有一致性，但具体的内容却有差别。《狂人日记》最终要拯救的是中国社会对“人”的基本观念，本文关心的是孩子的具体教育方式问题。

29. 本文与之前的《〈二十四孝图〉》有什么内在联系？

答：两者都涉及儿童教育的问题，不过《〈二十四孝图〉》更多地讨论长幼之间的伦理关系，而《五猖会》则是关于如何对待孩子具体的精神需求问题。

30. 从教育维度来审视这篇文章，对我们今天的教育教学有什么启示？

答： 这里依然是一个“幼者本位”的问题。也就是说，我们的教育应该继续探索如何有效地“以学生的需求为中心”，围绕下一代的健康成长设计教育的内容和形式，而不是仅仅从成人世界的逻辑出发，按照我们的知识结构展开单方向的灌输和传导。

《无常》答问

1. 第一段“掌握生杀之权”“随意杀人”“职掌人民的生死大事”这三个表述有何差别？至少从文中看，鲁迅是严格区分这三个说法的。

答：这是从三个不同的角度描绘“神”对“人”的主宰。“掌握生杀之权”重心在“权”，“权”属于一种社会管理的公职，这是强调“神”的社会管理功能，较为客观，谴责的意味稍弱；“随意杀人”是对他们暴虐行为的描述，明显带有谴责、批判的意味，也是从普通百姓或者说受害者角度的一种情感性的观察；“职掌人民的生死大事”则是对“神”至高无上的权威的总结归纳，这是对神权无所不在的绝对权威的描述。从权力的观察到行为的观察再到绝对权威的总结，鲁迅从三个不同的观察点概括了“神”对人的绝对支配，划分出了人与“神”的世界的巨大差距，以及描述了在这种秩序之下人的渺小与无奈。三个不同的角度反复突出人的命运感、无奈感和渺小感，这也为后面描绘“神”的使者——无常的特殊性提供了背景。

2. “这些鬼物们，大概都是由粗人和乡下人扮演的。”“粗人”是指什么人？和“乡下人”有什么区别？

答：这是从不同的方向上对底层民众的描绘。“粗人”突出的是文化水平不高或者没有接受过当时的文化教育的人，“乡下人”指的是生活在农村的人。两者一是强调在精英教育之外，一是突出居住在乡村底层，社会地位不高。但在中国传统的多层社会结构当中，他们是“最接地气”的人，代表的是民间文化的创造者、接受者和传播者。

3. 鬼卒和鬼王的鱼鳞、龙鳞装扮是不是体现了吴越文化的特色？毕竟浙江绍兴是靠海的。

答：龙鳞、鱼鳞、祥云等都是我国戏曲包括民间戏曲的常见服饰符号，涉及传统的神仙信仰内容，与这些信仰中对神仙生存环境的想象有关，而与人自己的生存环境应该关系不大。

4. 第二段最后一句“也照例给他们一个‘不胜屏营待命之至’的仪节”，做这个事的似乎理应是“念佛老妪和她的孙子们”，可是按照现代汉语的语篇衔接理解，“除了”这个标志词在这里似乎又在说明是“看客”。是不是鲁迅用欧化句式表情达意，产生了与现代汉语不同的结果？

答：“不胜屏营待命之至”是官场对上级公文例行

公事的接纳套语，因为是套语，在表面恭敬的表达之中实际并没有包含多少发自内心的情感。这里是说普通的老百姓(一般的事不关己的“看客”)都对有权威的鬼王不感兴趣，这样的表达是为了突出句子后面的部分、突出普通人的心理状态，为后面“无常”的出场作铺垫。

5. 第三段第一句的两个破折号和“我相信”后的冒号表示什么意思?

答: 这里的解释说明了“我们”是谁，以破折号加以特别提醒，更强调了对“无常”态度的人群构成；冒号后是“相信”的具体内容。这些标点符号的出现都是为了有意让连续性的句子出现表达的延迟和分隔，以便让需要强调的部分凸显出来。

6. “活无常”的“活”字作何解释?他为何穿斩衰凶服?他与“死有分”之间是什么关系?比如在职务上有什么区别?“活无常”帽子上的“一见有喜”和“你也来了”在其形象塑造上有什么作用?这两句话有何内涵?换句话说，在面临死亡这么大的一件事上，老百姓为何选择这两句话?这表明了人们对死亡乃至对阳间秩序的什么态度?

答: “活无常”与“死有分”都是阴司里的差役或者

说捕快，专门奉命抓捕将死之人的灵魂。“活无常”穿斩衰凶服，也就是白色的重孝丧服，所以又被称作“白无常”。“活”是指他活泼诙谐，常常能够给小孩带来欢乐。“死有分”一袭黑衣，又称“黑无常”。黑白无常司职一样，都是捕获人的灵魂，黑白之分大约与人生前的善恶有关。相传白无常负责抓捕做了好事的人，在这种人临终之时用哭丧棒照着天灵盖一棒一棒地把灵魂敲出来；黑无常负责抓捕做了坏事的人，这种人临终之时将会被黑无常用勾魂索钩住琵琶骨，抽丝剥茧一般将灵魂生生拉出来。“活无常”满脸嬉笑欢快，所以老百姓对其时常有打趣之语，这就是“一见有喜”和“你也来了”的来由。死亡本来是一件恐怖的事情，趋乐避苦是普通百姓的一种生存策略，所以他们努力在死亡的恐怖中寻出缓解的慰藉来，“一见有喜”和“你也来了”的命名就是一种消解恐怖的策略。

7. 与鬼卒、鬼王相比，孩子们为什么最愿意看“活无常”的表演？这反映了孩子们怎样的心理？

答：鬼卒代表了暴力，鬼王象征着权力，这都给人巨大的精神压力。唯有“活无常”虽然也是阴差，却充满趣味，洋溢着人间的喜感，所以受到孩子们的喜爱。当然，也因为孩子在生命的历程中离死亡最远，暂时可以放开对死亡的关切，享受眼前的无忧。

8. 作者为什么要引述《玉历钞传》的内容？作为一篇散文，为什么要将繁本上的画像描写得那么详细，像画工笔画一样？“遗老遗少们”指哪些人？

答： 对于今天的人来说，尤其是对于阅读鲁迅散文的青年读者来说，描绘传说中的鬼差是一件困难的事情，作为“传说”的民间形象也最为飘忽，难以把握。为了给人留下一个深刻的印象，鲁迅详细地引述了《玉历钞传》的内容，就是为了透过这一确定性的文献给读者刻下清晰的印迹。“遗老遗少们”指的是民国建立后依然怀念前朝，不愿在服装上有所改变的人。

9. 为什么人们对浑身雪白的“活无常”最喜欢，而对黑脸黑衣的“死有分”不爱看？这反映了怎样的文化心理？

答： 这与其说是什么文化心理，不如说就是正常的人性。“活无常”活泼有趣，令人亲近；“死有分”肃穆冷酷，当然令人望而生畏、亲近不得。

10. 为什么鲁迅在第七段只提到了“小乘佛教的经典”？焰摩天、牛首阿旁都只是小乘佛教经典里的形象吗？

答： 这主要与鲁迅对待佛教的态度有关。鲁迅重小乘轻大乘，为的是通过小乘教义以“立人”。小乘经典是他常常提及的内容，1927年他在《庆祝沪宁克服的那一边》一文中写道：“我对佛教先有一种偏见，以为坚苦的小乘教倒是佛教。”焰摩天也作“焰魔天”，是梵语的略译，或译为“夜摩天”“炎摩天”，佛教谓欲界六天之三。牛首阿旁在佛教中指地狱中的鬼卒。

11. “这实在是我们中国人的创作”，这一句中鲁迅先生表达出了怎样的真实情感？是讽刺还是感叹？“实在”一词有何表达效果？

答： 这句话主要还是描绘精英文化思想如何向民间演变的过程。“无常”本来是佛学的道理，是关于生命本质的判断，但是在传播的过程中却日益民间化、通俗化，最后可能在中国“粗人”和“乡下人”的世界中幻化为黑白二分的“无常鬼”。这一句是对文化流变的事实性概述，没有讽刺，可能略有感叹。“实在”一词表达了对文化流变中所折射出的世俗人性的感叹。

12. 人们见了无常为什么有“紧张”“高兴”的复杂心理？其底层心理机制是什么？文章为什么两次写到这一点？

答： 这是一种矛盾性的心理，紧张来自对死亡世界使者的本能的惧怕，而高兴则是由于迎神赛会上的快乐时刻的到来。对于不谙世事的孩子而言，两种心理同时存在，最终是第二种心理占据了上风。

13. “凡有一处地方，如果出了文士学者或名流，他将笔头一扭，就很容易变成‘模范县’。”这应是有所指的，但寥寥几句就说出了一种普遍现象，鲁迅为什么会有这样的见识？其中“扭”字有怎样的妙处？

答：这是有意识地影射陈西滢对自己家乡的吹捧。陈西滢在《闲话》中曾称“无锡是中国的模范县”，鲁迅借此讽刺他。“扭”貌似模拟运笔书写的神态，实则暗指对事实的扭曲和篡改，一语双关。

14. 应怎样理解“热昏似的妙语”这样的组合及其表达效果？

答：“热昏”是指凭想象的胡言乱语，而“妙语”则是文辞的巧妙。两者存在矛盾，组合起来就是漂亮的昏话或者谎言，这就另有讽刺效果了。

15. “可是在无意中，看得往这‘荫在薄雾的里面的目的地’的道路很明白：求婚，结婚，养孩子，死亡。”其中的“无意”应怎样理解？

答：“无意”是相对陈西滢这样会说漂亮话的文人

的姿态而言的，他们有意识地甚至是挖空心思制造谎言，而底层的老百姓却靠生存的直觉发现了自己命运的真相：不过就是一代又一代无可改变地重复着命运的轮盘——求婚，结婚，养孩子，死亡。

16. 概括底层人的一生，作者用“求婚，结婚，养孩子，死亡”，概括底层人受到不公正待遇的状况，作者用“活着，苦着，被流言，被反噬”，收到了言简义丰的特殊效果。这是怎样的一种写法或表达方法？

答：这其实近于对人生过程的“白描”，也就是对基本事实的展示：求婚，结婚，养孩子，死亡——这是人生的基本阶段；活着，苦着，被流言，被反噬——这是最典型的精神遭遇。它的存在刻骨铭心，与那些现实中既得利益者的巧妙谎言和伪饰形成了鲜明的对比。

17. 第九段“阳间维持‘公理’的只有一个会”，这个会是什么？这里面牵扯到什么背景知识？

答：这个会指的是陈西滢等人组织的“教育界公理维持会”，鲁迅在这里又一次以历史勾连现实中自己刚刚经历的女师大事件。陈西滢等所谓的“正人君子”以维持公理之名行助纣为虐、迫害青年学生之实，这是鲁迅离京南下的主要背景。

18. “因了积久的经验，知道阳间维持‘公理’的只有一个会，而且这会的本身就是‘遥遥茫茫’，于是乎势不得不发生对于阴间的神往。”对“一个会”点到而不直说，又巧妙地嵌入了相关人士的“遥遥茫茫”，两者相映成趣，这是怎样的写法？

答：为什么不直接描写现实？因为鲁迅更侧重刻画人的灵魂。或者说与纠缠于现实中的人际关系相比，鲁迅更在意这些现实事件背后的精神本质，他要揭露和挖掘的是中国知识分子的精神世界。为了实现这个意图，他对现实事件的处理有所跳脱，仅仅以意象或词句片段的浮现来表达，这样恰到好处。

19. “人是大抵自以为衔些冤抑的”有怎样的心理基础和生活基础？

答：人间缺乏公理，因此才有人类前赴后继的反抗史、斗争史；人生充满忧患，于是有了不平则鸣的文学艺术。鲁迅这里道出的不过是历代仁人志士的共同发现，但是只有置于“正人君子”之流的虚伪辩词对面，这样的发现才更显其价值。

20. 第十段“然而那又究竟是阴间……在报上发表过什么大文章”这句话是说阎罗天子等不是阴间的兼差，所以不是真正主持公理的角色吗？兼差和主持公理有什么关系？这里面是不是有什么论战背景？“活无常”是不是兼差，与最后一段“生人走阴”的说法有什么关系？

答：这是暗讽那些身为知识分子却站在官府的角度欺压百姓的人，也就是鲁迅所谓的“帮闲”。他们仿佛是政府的“兼差”，所以满是私利，不可能郑重地“主持公理”。根据世情裁判善恶，本来就是阎罗天子等人的“专职”，所以他们才是能够郑重地“主持公理”的角色。鲁迅在对阴间事理的议论中引入了对女师大事件的体验，呼应了老百姓的信仰：公正在阴间。“活无常”是不是兼差，并不是这里讨论的重点。全文最后一段说“生人走阴”，意在强调鬼神的传说扑朔迷离，不可完全当真，旨在将读者从传说的梦境中弹射出来，多一份反思的清醒。因此那已经是另外一个问题了。

21. “想到生的乐趣，生固然可以留恋；但想到生的苦趣，无常也不一定是恶客。”对这种近似鲁迅式格言的语句，该怎样理解和鉴赏？

答：这是站在一个成年人的立场上继续说无常的趣味。无常固然是生命的终结者，但是同时也是生命苦难的终结者。对于清醒的成年人而言，无常同样是可以接受的。

22. “然而虽说是‘下等人’，也何尝没有反省?”为什么要写底层人的反省?

答：“下等人”的反省是反讽当时一些以公正绅士自居的“上等人”。也就是说，连受尽了苦难的底层百姓都有可能反省自己的不足，独独那些作为既得利益者的绅士阶级却自以为真理在握，这可能是莫大的讽刺。

23. “未做鬼之前，有时先不欺心”怎么理解?

答：欺心就是自己昧了良心，不欺心是说善良犹存的人们的正常思维。

24. “在整块的公理中，来寻一点情面的末屑”怎么理解? 如果“活无常”也如此，又怎么能说“公正的裁判是在阴间”?

答：寻求“情面”来自我维护是人之常情，即便是“不欺心”的善良人士也会有类似的愿望。“活无常”能够“在整块的公理中，来寻一点情面的末屑”，说明他既有大的原则也善解人意，这正是他“可亲爱”之处。这点“情面的末屑”是针对“不欺心”的人而言的，所以并不违反“阴间的公正”。

25. 应怎样理解“活无常”的“可亲爱”?

答：这恰恰说明“活无常”充满人情味，同情弱者，而更高的权威阎罗天子却固守法令教条。站在人间情义的立场，“活无常”有情有义却替人受冤，也就更加令人同情。

26. 第十二段末“Nhatu，nhatu，nhatututuu”是外文吗？如果是，作者为什么用外文来模拟“活无常”吹奏的乐器响声呢？《从百草园到三味书屋》中也用了外文。根据日常的语言实践，我总觉得在表达心情喜悦、言之不足但还没到手舞足蹈的时候，才会用另一种语言系统来表达意思。但《从百草园到三味书屋》里作者似乎是为了向百草园告别，那么为何也用外文？

答：当汉语字词的发音难以拟音之时，一些作家可以借助外文或者音标。这是为了更传神地表现一种现场的气氛，而不仅仅只是传达喜悦的心情。所谓“言之不足，故嗟叹之……嗟叹之不足，故永歌之”，《从百草园到三味书屋》同样如此，借着德语表达离别百草园时深长的惋惜。

27. 第十三段为什么把无常描写成一个丑角，竟然打喷嚏放屁各108个？这里面透露出了什么样的民间心理？108似乎是个有特殊意义的数字，《水浒传》写了108将，《红楼梦》进入警幻情榜中的也是108人。

答：打喷嚏放屁不等于丑恶，在传统戏曲中，丑角之丑绝不是简单的恶。丑角通常也是一种喜剧性的角色，它的出现给全场带来了轻松和愉悦，让观众满怀喜感，这是“活无常”赢得大家喜爱的主要原因。108这个数字在中国古代文化中有特别的含义。佛教中认为人生有108种烦恼，称为百八烦恼。念佛时用的佛珠通常是108颗，表示断除108种烦恼，撞钟时也是撞108下。总之，108是形容其多。

28. 第十八段“‘难’者，‘今’也”这个解释是怎么来的？是绍兴方言吗？

答：本文中的戏曲念唱都是作者童年之时的故乡记忆，当属绍兴方言。

29. “一切鬼众中，就是他有点人情；我们不变鬼则已，如果要变鬼，自然就只有他可以比较的相亲近。”印象中鲁迅在好几篇作品里都用过这样的句式，这样表达的特点是什么？起到了怎样的艺术效果？

答：这是关于世理和个人选择的鲁迅式表达，他对世事的发展、真相及自我的选择充满质疑。鲁迅在对人生和世界的剖析中都预留了多种可能性，这是他思想多层次性的一个生动体现。

30. 结尾为什么要写到“走无常”?“但我看他脸上的鬼气反而多。莫非入冥做了鬼,倒会增加人气的么?”这两句话之间有怎样的逻辑关系?“脸上的鬼气”指什么?有什么深意或讽刺吗?何来“增加人气”?这个男人本身就是人啊。

答:现实当中的恶人因为经常到阴间“出差”,所以“鬼气”多了。但是,这个无常本身却很有人情味,同情弱者,反而比某些人更懂得人间真情了。这就是所谓的“人气”。

31. “吁!鬼神之事,难言之矣”“只得姑且置之弗论”重复了两次,有什么不同的含义和作用吗?

答:两次出现,第一次是说民间的迎神赛会,因为无常添加了家人,有妻子有儿子,但是扮相却很奇怪,令人疑虑重重。这是指民间信仰的模糊性、无逻辑性,不可当真。第二次便是在文章的最后,是说现实中自称“走无常”的人,鬼气与人气莫辨,让人产生亦真亦幻的感觉。这是让人从无常的迷离故事中跳脱出来,在超越性的反思中返回成人世界,给全文一个理性而趣味无穷的结尾。

32. 文中不仅写到了无常,还写到了下层人民大众、所谓的“正人君子”,以及阎罗王,等等。在这众多人物中写无常，对突出这一形象起了什么作用？

答：这几类人就是这世界的“众生”。下层人民大众挣扎在人生的困苦之中，在难得的迎神赛会中寻找一点快乐；上层的“正人君子”享受着既得利益，却又装腔作势、欺凌弱者；阎罗王严守律令，铁面无私，却也冷酷无情；唯有这无常鬼差，既能够明辨善恶是非，又能够保留一点人间的温情。正是在与其他人物的对照中，无常的可亲可近给人留下了深刻的印象。

33. “鬼格”有时胜过“人格”，可怖的无常在作者笔下居然如此可爱可亲，而且在无常这里才有“公正”。这是辛辣的讽刺，还是无情的揭露？

答：这既是辛辣地讽刺世俗的灰暗、无情地揭露伪君子的丑恶，也是对人间稀有的真情和公正的一种缅怀。

34. 文中的无常公正、仁义，富有人情味，而公正和人情味发生了冲突，这是否也是一种矛盾？

答：在本文这里没有矛盾。公正是人间的善恶标准，这在无常那里是和阎罗王一样明确的；人情味则体现了他对弱小者的同情，而不是以权谋私、滥用职权，是他“法外开恩”的一面。鲁迅引用《墨子》对此作了很好的说明，墨子是鲁迅推崇的思想家。

35. 鲁迅是无神论者，而民间的戏曲宣传鬼神迷信思想，但在本文中却能感受到鲁迅对民间戏曲宣扬鬼神的赞扬态度。如何看待这一点?

答: 这是借民间信仰谈人间的命运和真情，并不是宣传民间信仰本身，当然与封建迷信无关。何况鲁迅本人对民间信仰也是十分尊重的，一度将它作为重建中国人精神世界的重要内容。他曾在《破恶声论》中提出了著名的观点“伪士当去，迷信可存”。

36. 第四段提到“吓死了一个人”是随心而谈还是有意提醒?比如，是不是为了昭示因作恶而心中害怕、胆小的人猛然碰到“活无常”索命而被吓死?鲁迅在写《狗・猫・鼠》和《无常》这一类论兽论鬼的文章时常常随心而谈和有意讽刺，把这两种风格糅合在一起。比如《无常》中第五段描写无常时就顺口提到“遗老遗少们所戴瓜皮小帽”，还有第七段“都在地狱里做主任”，第九段“要他们发什么‘我们现在走的是一条……’那样热昏似的妙语”。如何理解这两种风格的糅合?学生很难辨别这种风格上或写作手法上的摇曳多姿，在实际教学中如何解决这个难点、痛点?如果句句求证坐实，涉及的论战背景就太多了，甚至没法讲;如果不讲，学生又难以探究其中的奥义。

答：归根结底，这里不仅仅是语言风格或者文学叙述方式的结合问题，还是一个鲁迅式的根本思维的表现，即过去与现在的永恒联系。回到过去是为了回答现在，在所有对过去的回忆、描写中都不断勾连当今生活的遭遇，因为不反思当今就没有必要回想过去。反过来，过去之所以值得回想，也是因为它不断提醒我们今天的生存还有哪些问题。这对于今天的中学生可能有些难，因为这种贯通历史的世界观不仅需要历史知识，也需要对当下生活问题格外敏感，建议在教学时不可急于求成。解读鲁迅的文学，能够理解文意是第一步，在此基础上适当推荐学生读一些中国近现代历史著作，深入理解近代以来启蒙知识分子的忧患和关切、理解中国现代化进程的艰难性，学生就会对鲁迅式的敏感和他联系古今的习惯有更充分的认识。

《从百草园到三味书屋》答问

1.《从百草园到三味书屋》这个题目很别致，但具体又说不太清楚。“从……到……”究竟有怎样的含义？该怎样理解和鉴赏这个题目呢？

答：“从……到……”标志的是一个过程、一个程序，我觉得这样一种表述方式暗含了鲁迅对自我成长的观照。从百草园到三味书屋，就是从无忧无虑的幼年时代到开始进入文化学习的少年时代，这是自我的一个成长过程。但是“从……到……”这个描述又是一个自然顺序的描述，他不是在刻意地突出这个人生过程当中有什么特点，也不是要总结出什么来，仿佛只是对一个非常朴素的人生阶段的顺其自然的描写。我想这也是鲁迅在《朝花夕拾》中所追求的一个整体风格，就是在自然亲切当中回味人生，传递人生的日常经验。

2.“百草园”的称谓给人一个万花筒般的印象，本该是异彩纷呈的，但作者却说“其中似乎确凿只有一些野草”，让人感到十分单调。为什么会有这种落差和矛盾？

答：对于为什么这么描写，可以从两个方面来加以理解。第一，就是现实与精神世界的双重叠印。现实意义上的百草园的确也不是什么著名园林，它不是被人精心设计、规划、修饰的，就是一个普通家庭的后院，所以说野草是居多的。但是，为什么作者在下文的描写当中却满怀深情？这里就包含了一个更深的所指。也就是说，实际可能有两个百草园。一个是现实生活里的百草园，它可能的确比较单调，以野草为主。但是，鲁迅写出了精神世界里的另一个百草园。童年的“我”是富于幻想的，所以在“我”的精神世界里边，即便是普普通通的朴素的百草园也足以激发起万千想象。在精神的想象里边，百草园是异彩纷呈的。我想每一个人的童年都有类似的幻想，如果我们能够真正地面对内心世界，就会发现孩子是最富有想象力的。实际上，每个人的童年都拥有着这样一个异彩纷呈的百草园。这是其中的一个解释。第二，也存在另外一个解释，就是从文艺性的角度来分析这个表达逻辑。“其中似乎确凿只有一些野草”，前面一句是“连那最末次的相见也已经隔了七八年”。“只有一些野草”是和“最末次的相见”紧密联系在一起的，那是鲁迅对一个已经失落的逐渐走向衰败的故家的一段记忆，这里面包含了一种对人世变换略带感伤和怀旧的情绪。

3. “似乎确凿”的表达方式“很鲁迅”，该怎样理解这种独特的表达呢？

答： 正如你的提问，这样的表达方式“很鲁迅”。所谓“很鲁迅”，我觉得主要体现在鲁迅特别讲究炼字，就是他的表达往往具有非常复杂的多层次含义。鲁迅努力通过寻找和建构一种特殊的表达方式，把多层次的思想内涵一并呈现出来。这个“似乎确凿”就是这样，“似乎”代表着一种不确定性，而“确凿”恰恰又代表着一种确定性。这样的一个表述看似是矛盾的，其实表明了鲁迅在面对自己的记忆、面对如何描述百草园留给自己的印象时，他的思想和情感是多层次的。其中既有比较模糊的还在寻找的内容，也有比较确定的内容。两方面的意义是在不同的情感方向上来加以概括和表达的。

4. 明明突出“其中似乎确凿只有一些野草”，那怎么又强调是“我的乐园”呢？

答： 就像前面我们分析的，这体现的当然是作者思想的多层面性。“只有一些野草”，却又是“我的乐园”，现实世界中的景象可能和“我”的精神世界、情感世界的丰富印象之间有着一种张力关系。

5. 面对作为“乐园”的百草园，为什么作者只描写泥墙根一带的景物呢？写按住斑蝥的脊梁后窍喷出烟雾，还有牵连不断地拔何首乌的根，想表现什么呢？

答：为什么只描写泥墙根一带的景物呢？我想这里可能有阅读中的误解。应该说鲁迅先写了泥墙根一带的景物，再逐渐地通过描写把我们带入一个奇幻的世界里边。就整篇来说，他也不是只写了泥墙根一带，还写了美女蛇的传说，中间写到冬天的百草园，在雪地里边捕鸟等情形，这都已经超出泥墙根一带了。那么，为什么一开始就写这个泥墙根一带的景色呢？我们可以与前面联系起来思考。前面说“似乎确凿只有一些野草”，也就是一些看似平淡无奇的植物。但是恰恰是在这些看似平淡无奇的植物背后，却有令人意想不到的发现。这就是鲁迅所说的斑蝥可能就会“从后窍喷出一阵烟雾”，这个是我们日常情况下很难想象的。还有何首乌藤和木莲藤的形态，那种“莲房一般的果实”“拥肿的根”，这对于一个孩子来说都是新奇的形态。“有人说，何首乌根是有像人形的，吃了便可以成仙”，那显然又不断地引发我们无穷的想象。总而言之，在这些平凡的植物背后却有超出我们现实经验的能够激发想象的内容，所以说是趣味无穷的。

6. 作者为什么能把百草园里的那些鸟虫和植物写得如此具体、生动、真切?

答: 因为作者投入了自己深切的感情，他返回到了一个儿童从生命最初的萌动到逐渐成长的过程，通过这种儿童时代充满惊喜的观察来描绘世界。儿童眼中的世界总是新鲜的，这个时候的所见所闻最能够激发人们的想象、激活人们的表达能力。

7. 作者由百草园的草联想到草中的赤练蛇，再由赤练蛇联想到长妈妈讲述的美女蛇的故事，此部分的乐趣体现在哪儿?

答: 所谓乐趣，就是对凡俗的日常生活的超越。所谓凡俗的日常生活，它的主要特点是平淡无奇——一切都那么符合逻辑，一切都能够被我们现有的经验解释。因此，东西也就不能激发我们的想象、不能给我们留下深刻的记忆。而那些赤练蛇的故事、美女蛇的故事，恰恰就让我们在世俗当中、在日常当中看出了奇异、看出了不平凡，这当然就成为我们人生当中一段重要的故事。

8. 美女蛇的故事本身是惊恐故事，而且与百草园的乐趣这一主题关联也不紧密，能否删掉阿长讲美女蛇故事的段落?

答：美女蛇的故事恰恰与主题有深刻的关联，这种关联在于它是以一种出人意料的甚至有点儿惊恐色彩的形式出现的，这恰恰能够激发起一个儿童最大的想象力。可以说，在整个百草园的故事当中，这个故事就是一个焦点、一个亮点。没有这个奇异的故事，百草园可能也就不会那么绚丽多彩、让人难忘。所以在这一部分，我们要理解它，就得回到儿童的心态、回到儿童的想象当中来。不能像成人那样，把一切都看得那么理性、那么符合科学、那么符合逻辑。实际上，当我们用逻辑来检验生活中的一切的时候，也就驱除和扼杀了自己先天的想象力。如果回到儿童的心灵、儿童的想象当中，你就会觉得这些故事恰恰是趣味无穷的。

9. “这故事很使我觉得做人之险”，作者是在有意讽刺当时社会上的那些“正人君子”吗？该怎样理解记叙中穿插的这段议论？

答：所谓“做人之险”，指的是成人世界的一些社交防范和戒备规则。成人世界充满彼此间的竞争，人性也越来越不可预测，因此儿童式的天真无邪就可能落入意想不到的陷阱。对于儿童来说，听见有人叫自己的名字时不可能不回答，这是一个很正常的反应。

孩子经常处于被大人召唤当中，应声而答是儿童本能的反应。但是在美女蛇的故事里边，鲁迅第一次知道了人类正常的反应也可能会给自己带来危险。其实，这是他理解人类社会复杂性的起点。儿童进入成人世界的第一次经验就是“做人之险”，两个世界的差异和界限由此十分清晰。我觉得这与鲁迅其他文章中提到的“正人君子”并没有很密切的关系，这里讲述的是一种更为普遍的人生经验。

10.《从百草园到三味书屋》中写到了雪地捕鸟，《故乡》中也写到了雪地捕鸟，内容几乎一样，但一篇说是闰土父亲传授的，另一篇说是闰土传授的，该怎样理解这个现象？

答：对于文学作品里边写到的内容，我们千万不要把它简单等同于史实，更不要说这就是传记，不能这样追根溯源。所以，雪地捕鸟到底是闰土父亲传授的还是闰土传授的，不是什么需要挖掘的真相。连闰土这个人物归根到底也不是一个历史人物，他是一个文学人物。当然，我们可以说闰土是鲁迅根据生活当中的什么经历、什么原型来写的，这是对的。只是一旦进入文学、进入文学作品，他就是一个文学形象。在《从百草园到三味书屋》中，写捕鸟的这一段主要是为了突出“我”作为一个初学者和一个传授捕鸟经验的人的不同。通过这种差距，作者写出了一个初学者的性急——他在莽撞当中要快速学会捕鸟的焦急心情。而传授者闰土的父亲呢，小半天便能够捕获几十只鸟，以此来衬托小孩子的那种心情。有这份焦虑的心情，才有后边的内容：闰土的父亲“静静地笑道：你太性急，来不及等它走到中间去”。由此，这段描写才会非常生动，也非常有趣。在《故乡》中，作者主要是为了突出“我”和闰土之间童真而无瑕的友谊，所以他把主要精力花在对闰土的描写当中。这样写是为了突出他们的这种两小无猜、亲密无间的关系，描写的重心自然就转移到闰土身上了。在不同的文学作品里边，基于表达不同情感的需要，作家是可以作适当的调整的，这个也是很真实的。所以，教师在教育学生的时候，千万要更多地立足于文学自身的特点来理解作者情感的丰富性和自由性。

11. 文章写了百草园春、夏、冬的景色，为什么不写秋天百草园的景色呢？

答：我们不妨从季节和人的关系的角度寻找一些答案。春天是万物复苏之际，人的行动开始变得活跃起来，这个时候往往会有一些让人感到兴奋的事情；

夏天是人的活动能力最强的一个季节；冬天有奇异的景色。所以，这三个季节可以说都会给人们留下很深的印象。当我们回过头来看人生的季节故事，在什么季节当中留下什么经历，往往可能都跟这个相关。当然秋天也会有故事，但是在小孩子眼中，秋天有时候显得比较萧瑟，他的印象和记忆可能就未必那么深刻。不过，这可能也仅仅是一种推测。一个作家选择写什么样的景色可能都是在非常自然的状态中发生的，我们的记忆会随着岁月流逝而变化。经过岁月的淘洗，自然会留下一部分记忆。所以有时候也不必去较真，因为过多的纠缠和追问会给人一种感觉，仿佛每一部文学作品的每一个细节都是作家精心选择的。其实，一部优秀文学作品的产生有时候是很自然地呈现出来的。

12. 为什么不将雪地捕鸟放在美女蛇的故事的前面呢?

答：每一个情节的产生都不是孤立的，作家不是先挑出了一个个情节，然后再反复琢磨怎么排列组合。前一个情节和后一个情节，相互之间往往有着内在的过渡。《从百草园到三味书屋》一开始就写到泥墙根一带的发现，由这种奇异的发现很自然地想到了蛇，因为前面写了各种各样的植物，植物丛当中自然就有蛇，这对人的思维运行来说是很自然的。写完了这种奇异的经历以后，回过头来稍事休息，又会想到另外一个季节——冬天的百草园。这里作者显然有一个时间的间隔，也有一个空间的区分。他的思维在这里完成了一次运行、一次推移，然后才进入冬天，想到了冬天的故事。这实际上是一个很自然的时序转换。

13. “我不知道为什么家里的人要将我送进书塾里去了，而且还是全城中称为最严厉的书塾。也许是因为拔何首乌毁了泥墙罢，也许是因为将砖头抛到间壁的梁家去了罢，也许是因为站在石井栏上跳了下来罢，……都无从知道。总而言之：我将不能常到百草园了。”小鲁迅到底知不知道自己被送去书塾的原因？他为什么要这样写？

答：小鲁迅是不知道自己为什么要被送去书塾的，因为人的天性总是追求一种自然的发展，就像小孩子喜欢自由自在地玩耍一样。我们会把后来的所有压力都解释为成人世界对自己某次过错的惩罚，所以小鲁迅会认为自己是因为有了过错才被送到书塾里去接受进一步的教育，这是一个很自然的心态。儿童当然不像成人一样知道人生未来的发展、担当、责任，要完成文明的传承、要接受各种各样的教育等都是站在成人世界考虑的。

小鲁迅并不知道自己要被送到书塾的原因，所以作者这么写就是非常真切地传达了一个儿童的心态。整本《朝花夕拾》就是在夕拾朝花，就是要回味自己童年的各种人生经历和思想状态。这样写当然让人感到很亲切，也很自然地呈现了人的心灵的成长过程。

14. “Ade，我的蟋蟀们！Ade，我的覆盆子们和木莲们！……”这里应该是鲁迅情不自禁地发出的声音，按说不假思索地脱口而出的不应是自己最熟悉的语言吗？为何用德语来抒情？有何深意？

答：这里的关键是要相当熟悉鲁迅的表现方式。鲁迅对任何一个回忆、任何一个故事的描写都不是单向度的完全以时间为线索的平铺直叙，它总是有一种跨时空的连接，就是“故事”要“新编”、“朝花”要“夕拾”。实际上，作家在表达自己感情的时候忽然用了德语“Ade”，就是“再见”的意思。我想，就在这一瞬间，鲁迅又给我们展示出，虽然讲的是过去的故事，但是仍然包含着今天的回望。鲁迅曾到日本留学，学医首先要学德文，所以鲁迅是很熟悉德语的，他在这个时候把后来在教育中学习的语言放置在对先前故事的感慨当中，就形成了一个相互的对照。这恰恰说明鲁迅对百草园的回忆贯穿了他从小到大的一生，直到现在，回想到百草园的种种，仍然充满无限的热烈感情。我觉得这个大跨度的时空联系和漫长的情感过程，就通过对今天的他所掌握的这些语言的使用生动地体现了出来。

15. 划分段落的时候，第九段作为一个过渡段，应将它划分为第一部分还是第二部分？

答： 我不知道现在中学对划分段落的要求是不是还那么严格，如果从过去我们上中学时划分段落的角度来看，主要看这个段落是开启后面的内容还是总结前面的内容。我觉得第九段主要还是开启后面的内容，标志着百草园时代的结束和另外一段人生经历的开始，当然也表达了内心的感情。不过我还想补充一个观点，划分段落是我们疏通文意、理清作者思绪的一个有效方法，但是有时候也不要过分拘泥。因为有时候人的思想不是那么泾渭分明的，有一些部分既能承上又能启下，更重要的是把这个作家独特的内在思想发展的线索理清楚，把握他的情绪和作品内容的流变。划分段落是帮助我们认知作家内在思想的，所以说不必把这个问题看得过分僵死。

16. “三味书屋”中的“三味”究竟指的是什么？

答：鲁迅读书的三味书屋两旁屋柱上有一副抱对，上书“至乐无声唯孝悌，太羹有味是诗书”，这启发我们“三味书屋”中的“三味”应该就是对读书状态的一种比喻。“三味”取自“读经味如稻粱，读史味如肴馔，读诸子百家味如醯醢”，三种读书体验合称为“三味”。

17. “中间挂着一块扁道：三味书屋；扁下面是一幅画，画着一只很肥大的梅花鹿伏在古树下。没有孔子牌位，我们便对着那扁和鹿行礼。”寿镜吾先生的三味书屋内为什么没有挂孔子的画像？拜画着肥大梅花鹿的画是否寓意追求“高官厚禄”？

答：读书入仕是科举时代知识分子理所当然的人生理想，在读书场所出现一些祝福性的象征也是中国文化的习俗。“鹿”与“禄”谐音，包含“禄”的寓意。禄者，俸给，俸禄，高官厚禄也。“禄”的本义是“福”，所以“鹿”中又含有“福”的寓意。“梅花鹿”也与科举发布的“梅花榜”有一定联系，总之就是对当时读书人的一种期待和激励。

18. “方正”是形状端正或心地正直的意思。文中涉及寿镜吾先生的内容是拜孔子、拜先生、读书、不能问问题，这与“方正”并无关系，该怎样理解寿先生

“方正”的特点？

答：“方正”是对寿镜吾先生的描述，我觉得不能从前面所提到的几个点来看——什么拜孔子、拜先生、读书、不能问问题啊，而应该从全文来看，特别是后边写到他这位老师时的种种。在读到他痴迷于书的时候，这种痴迷、陶醉其实恰恰说明，他是一个非常本色的读书人——爱读书。当过去的读书人普遍只把读书当作入仕的一个工具和手段的时候，却有真正的读书人还是出于对书、对知识本身的热爱来读书，这本身就是非常难能可贵的品质，而这个品质在一个知识分子一生追求的德行当中是极重要的。所以说以此观察，寿镜吾先生堪称“方正”。

19. 文中的寿镜吾先生是一位渊博的宿儒，但他对“怪哉”这虫是怎么回事却不回答，而且不高兴，脸上还有怒色。这样写是否矛盾？寿镜吾先生作为一位“本城中极方正，质朴，博学的人”，为何要与一个小孩子的天真问题置气呢？为何脸上还有怒色呢？为何鲁迅又要把这桩极小的事情写进去呢？

答：鲁迅提出一个“怪哉”的问题，这是出于小孩子天真和好奇的本能。寿镜吾先生却是一个质朴的儒生，按照儒家文化的传统，孔子是“不语怪力乱神”的，所以他对这些无稽之谈都采取回避的态度。在他看来，一个小孩子过分地关注这些没有根据的传说是教育中很忌讳的事情，不是一条正路。他不愿意自己教的学生刚刚读书的时候就在这些方面用力过多，脸上有怒色是在向孩子传递一种教育上的禁忌，他想规范这个小孩子的思想发展。当然，反过来说，这既表现了寿镜吾先生这位传统儒生的古板的一面，也暴露了传统教育方式忽略小孩子天性发展的弊端。这个事情看起来很小，但它供人思考的内涵却非常深，因为鲁迅这一代人就是在这样阻碍儿童天性发展的教育环境当中长大的，当他作为成人的时候，再回想自己的教育年代，当然不得不对这样的现象有所感慨，也有所反思。

20. 写请教“怪哉”一事，为什么还要写“但阿长是不知道的，因为她毕竟不渊博”？

答：在鲁迅的童年教育中，其实有好几位老师。私塾里的老师当然就是寿镜吾先生，同时他还有自己生活中的老师，这就是阿长。在《阿长与〈山海经〉》里，鲁迅也非常生动地告诉我们，阿长带给他很多来自民间的文化知识。所以说在探究“怪哉”的来源时，他理所当然就会想到阿长能不能告诉他这方面的答案。当然，这是个文人传统中的掌故，而不是阿长所熟悉的民间文化，所以阿长是告诉不了他的。按照鲁迅的说法，寿镜吾先生这样一个渊博的宿儒肯定是知道"怪哉"的来源的，否则他应该表示困惑或者回避，而不是脸有怒色。脸有怒色证明他了解这个知识，但在他那个评价标准里，一个小孩子的求学"正路"就应该回避这些无稽之谈，必须像孔子一样"不语怪力乱神"，追问"怪哉"与他的价值观发生了冲突。鲁迅在这里通过比较寿镜吾先生与阿长这两个儿童知识的来源，揭示了中国传统知识分子的教育观念及其文化结构。

21. 关于"怪哉"的疑问是鲁迅小时候就有的，还是他到厦门大学工作时才发现的？

答：我想这个问题实际上并不那么重要。对于任何一种文学作品来说，哪怕是回忆性的散文，我们都不要把它当作对曾经发生的事情的一成不变的记录，这并非文学创作的基本思维。即便是忠实记录自己过去经历的"回忆"，也可能因为各种因素而最终变成一个非常复杂的文本，文学创作就是如此。

重要的是，鲁迅表达了他在此时此刻的怎样一个思想状态。当然作家也不能胡编乱造，文学的逻辑实际上也要回到文本所建立起来的一个自洽的逻辑里。只要作品符合这样的逻辑，它就为我们构建了一个文学中的儿童世界，就具有自主性和合理性。

22. “先生最初这几天对我很严厉，后来却好起来了”，先生为什么会有这种变化？

答： 先生最初几天对我很严厉，后来却好了起来，我想这恰恰说明这位先生是心地善良的。最初的严厉是因为老师对刚入门的学生有基本的规范和要求，后来好起来了则是他正常的、自然的、人性的一个表现，说明他内心深处对“我”并没有什么成见或过分的要求。我觉得这符合为师之道。

23. “最好的工作是捉了苍蝇喂蚂蚁，静悄悄地没有声音。”为什么强调“静悄悄地没有声音”？

答： 因为学堂有它基本的规矩。从鲁迅那个时候到今天，任何一个学堂都不希望大家闹哄哄的。所以说，静悄悄地做自己的游戏符合教学秩序的要求，同时学生自己也乐在其中，沉浸在个人的游戏世界里边。

24. 作者为什么要写学生贪玩逃学的情节？

答： 所谓贪玩逃学，这不是完全的贬义，它是符合儿童的天性的。在儿童的世界里，其实玩本身就是一种学习。玩是了解世界也是人与人之间相互交流的基本方式，并不一定只有死记硬背一些固定的知识才是学习。与人接触、与世界接触，本身就是受教育，也是自我教育的好机会。鲁迅在这里写出了正常的人性，我们千万不要带着僵死的教育理念来看待学生贪玩逃学这类行为。

25. 写学生读书的场景时，鲁迅先生为什么会列出诸多晦涩难懂的句子？为什么学生读的内容各不一样呢？如果只是对旧私塾学习内容的枯燥乏味的再现、对封建教育制度的抨击，只摘录一句就可以了啊。

答：对于私塾教育，过去我们一提到它就有一种脸谱化的刻板印象，把它概括为受封建科举制度毒害下的教育形式，好像我们现代教育就理所当然是科学的、是进步的，其实这是对历史的误解。任何一种教育形式都有它负面的影响，但是也有它不可忽略的积极意义，其实私塾教育也是这样的。与今日现代化的课堂教育相比，私塾教育值得我们思考的一个特点就是它的个性化。面对同一个教师，学生的起点不同，需要学习的内容也不同。所以他们阅读的书籍、接受教育的方式也可能有差异，而不是一个课堂、一位教师、一本教材、一个大纲。当然，现代教育有其特点和优势，但是我们也不能因此就忽略中国传统文化中私塾教育因材施教的特点，鲁迅恰恰是很生动地写出了当时教育的这个特点。

所以，我们千万不要以为鲁迅写这个私塾教育就是为了对封建教育制度进行抨击，这是一个先入为主的理念。鲁迅其实是如实地、自然地也很亲切地写到他从小的教育经历，里边有他不适应的地方，但是也有他感觉到很惬意的地方，这是一个很复杂的综合体验。如果我们只是想当然地从中挑选“反封建”的例证，一味寻找科举制度的弊端，可能就很难理解鲁迅散文的丰富内涵了。

26. 作者引用儿时读书内容的写作意图，以及写寿镜吾老先生大声朗读《李克用置酒三垂冈赋》，有什么深意？

答：作者写寿镜吾老先生大声朗读，我觉得这是一个非常生动、感人的情境。在我们过去的刻板印象当中，一个塾师只是机械地完成对学生的高压式教育，他自己是一个没有情趣的人。其实恰恰相反，鲁迅的老师寿镜吾先生是一个由衷地热爱知识的读书人。在学生读书的时候，他自己也陶醉其中，摇头晃脑地读。虽然学生听不懂，不知道他念的是什么、有什么含义，但是你可以通过鲁迅生动的描述感觉到这位先生的乐此不疲，这是一个非常生动也非常有趣的场景。作者惟妙惟肖地描绘了一个读书的老先生对阅读内容的欣赏和热爱，虽然学生都不懂，他却如此陶醉，这恰恰证明他的感动是发自内心的。一个还能够为知识感动以至陶醉其中的人，当然是一个有理想、有情趣的人，也是一个有个性、有追求的人，这样一位师者当然是令人尊敬的。所以多年之后，鲁迅还在回味这些情节，还书写着他非常深刻的记忆。

27. 文章中的寿镜吾先生是一位怎样的老师？在这篇回忆性散文里，鲁迅对寿镜吾先生抱有的是单纯的怀念之情还是比较复杂的情感？

答：寿镜吾先生究竟是怎样一位老师？我觉得鲁迅在这里表达的是一种非常复杂的情感，他并非简单地谴责，更不是在抨击或批判。他既写出了先生严格的一面，也写出了先生开明的一面；既写出了先生不可冒犯、有时候让人害怕的一面，也写出了先生非常温情的一面。鲁迅对先生的怀念当中充满了感情。

28. 小鲁迅对三味书屋的真实感受究竟是怎样的？作者对当年三味书屋的学习生活是感到温馨还是持批判态度呢？

答：鲁迅对三味书屋的回忆总体是温馨的，当然也有批判，但是这个批判并不是那么尖酸刻薄。三味书屋的学习生活是自己人生体验的一段过程，喜怒哀乐都在其中，这才是鲁迅关于三味书屋的真实感受。过去我们一味地强调鲁迅的批判性，我觉得这样理解他的这篇散文并非十分准确。

29. 文末写到小鲁迅上课描红，然后将描红卖给同窗。为何要交代“他的父亲是开锡箔店的；听说现在自己已经做了店主，而且快要升到绅士的地位了”？这句话是单纯为了表明读书时的快乐还是有其他用意？为何在这里用分号而不用句号呢？

答： 我想这里主要表达的是一种人生成长的变换和世事的演变，这在我们的童年时代实际上就埋下了种子。“我”是一个读书人，而这个同窗的家庭经济条件是好的，可以来买“我”的描红。后来他果然沿着这条与“我”不一样的人生道路发展，做了店主，成为绅士。所谓绅士，就是指当时经济条件比较好，也有一定社会地位的人。和整个《朝花夕拾》的主旨一样，鲁迅在这里为我们写下了人生变化、世道流转的场景。

用分号而不用句号，是因为这本身有一种对比性——两人的人生从此以后分道扬镳，这是两种不同的人生、两种不同的经历。“我”仍然沿着一个读书人的道路在行走，而“我”的同窗则沿着另外的人生道路——经商在发展。这里谈不上对不同阶层有多么强烈的谴责或者赞赏，它就是一种人生的况味。

30. 在鲁迅回忆童年的散文作品中，成人世界的真善美和假恶丑一直是他刻意表现的重点。阿长讲美女蛇的故事，寿镜吾先生冷对“我”问“怪哉”一事。一位在无意间给“我”打开神秘的大门，其间的恐怖也成为“我”的一次深刻记忆；而另一位让“我”对权威第一次有了模糊的概念。两位长者的出场有何用意？

答：两位长者分别代表了每一个儿童都必须经历和面对的一个新世界。阿长代表的是“我”面对的自然世界，她以民间传说、民间故事的讲述者的身份描绘了一个“我”所不知的神秘的、自然的世界。这个世界对“我”充满了诱惑力，当然也可能不乏一些惊惧的色彩；寿镜吾先生所描述的是一个成人的文化世界、一个在文化传统当中被塑造起来的世界，这里边也有“我”觉得陌生的内容。其实，人就是同时在这两个世界里边不断地接受教育、获得感受而逐渐长大的。

31. “百草园”和“三味书屋”两部分之间是什么关系？是对比还是衬托，抑或是和谐统一的关系？对这个结构的理解不同，主题思想就不同，主题可否多元化？

答：我觉得两者都是“我”所经历的世界，一个是自然的世界，另一个是文化的世界；一个是面对大自然的野性的世界，另一个是接受知识的世界。这两个世界对我的人生都是必不可少的，所以它们是和谐统一的关系。这里要注意的是，我们不必如过去所理解的那样通过否定一个世界来颂扬另一个世界，因为这两个世界对于每一代人、对于每一个儿童的成长都是必不可少的。

32. 应怎样理解“我”对在百草园和三味书屋生活的感情态度？

答：我觉得“我”的情感态度总体来说是复杂的，也是很丰富的。百草园给“我”无穷的乐趣，但是它也有让“我”感觉害怕的地方和“我”所不了解的地方。同时，三味书屋既有让“我”感到压抑的地方，也充满了让“我”能够接触新的知识文化的快乐。包括其中的师长，既有严厉的一面，也有宽容的一面。

33. 怎样准确把握鲁迅的回忆性散文中两个“我”的情感？应以怎样的方式引导学生理解双重视角的妙处？

答：如果说鲁迅的回忆性散文里边有两个“我”，我觉得基本的理解就是：一个“我”是返回童年时代的

"我"，随着我们返回过去，穿越历史的时空，进入童年时代，带领我们获得一双儿童的眼睛，以儿童的心理重新感受曾经的人生经历。在这个过程之中，基本都是采用儿童的视角，因为只有这个视角才能让我们设身处地地体会到一个儿童的欢乐、疑虑、困惑及好奇心。当然，不可避免的是，作者在写作这篇回忆性散文的时候已是一个成年人，他自然也会带入今天的种种人生体验。所以这里边的另外一个"我"，就是此时此刻的"我"。

两者之间是互相呼应、互相映衬的，可以说是相得益彰、互相生发的。如果没有成年阶段对人生的感受，"我"也难以体会到童年经历当中最让人珍惜、最隽永的那一部分；如果没有儿童时代特有的心理，我们也没有办法重新进入历史当中，去挖掘其中有滋有味的这一部分。鲁迅的创作特点就是在两个"我"的世界中建构出内在的张力：以成人的生命的深厚来反衬儿童时代的单纯和宁静，又以儿童时代的幻想和好奇来赋予成人世界更多生命的意义。

34. 对本文主旨的理解，历来有"批判说""儿童心理说""对比说"等看法，究竟该怎样理解和把握这篇文章的主旨？

答： 对于本文主旨的理解，我的主张是要尽可能全面地看待一个历经沧桑的知识分子的人生心境。所以，在这样一个意义上，整篇文章的内涵是很丰富的，不是单一的。单纯的“批判说”“儿童心理说”“对比说”，都不足以呈现鲁迅思想的这种深厚性。只有还原鲁迅的精神世界，我们才能重新梳理他作为一个正常人对自己过往人生经历的生动呈现，而呈现本身就是鲁迅的目的。在这里，丰富的呈现永远比单纯的选择性批判带给我们更多的启示。

35. 作者对“百草园”与“三味书屋”两个阶段的生活描绘启发我们思考：儿童成长需要一个怎样的空间？我们需要怎样的教育？

答： 鲁迅对儿童教育历来有自己的看法，这就是启蒙运动当中所追求的返回自然，充分尊重儿童的天性。同时鲁迅也多次说过，尊重儿童的天性并不是放任、放纵，儿童还是要教育的。对儿童进行文化知识教育仍然是必不可少的，只是这种教育不能扭曲儿童的天性，而应该对儿童发展起引导和促进作用。

36. 如何在课堂教学中带领学生找到与鲁迅作品的深度共鸣点？

答： 对于这种个人色彩很强的散文的教育应该把

握什么原则？怎么引导学生更好地理解？我觉得最重要的一点就是不要在学生认真阅读之前就先下定义，而且尤其不能在鲁迅的文本之外建立一个我们自己的固定化的结论。这样理解鲁迅往往是会遭遇挫折的、是会失败的，这样阅读鲁迅就脱离了鲁迅本身。

所以，阅读鲁迅的文章，最重要的就是我们要充分地意识到它的丰富性。鲁迅思想情感的丰富性、生动性、深刻性，远远超出了我们今天很多教科书上的结论。只有回到鲁迅那里去，沿着鲁迅自己的思想逻辑和情感逻辑来细细地加以品味，才能提炼出一套属于鲁迅的思想内涵。我总是觉得，我们今天的教育对鲁迅思想内涵的理解是相当欠缺的。只有通过重新阅读鲁迅作品本身，才能够逐渐清楚鲁迅到底说了什么，我想《从百草园到三味书屋》也是这样。我相信，如果能够引导学生深入作品本身，获得的启发将远远多于很多教学参考书上给出的结论，每个学生都会通过自己的阅读加深对鲁迅的理解。

《父亲的病》答问

1. 鲁迅的父亲究竟得了什么病?

答: 鲁迅的父亲患的是水肿病。水肿在西医学中是多种疾病引起的症状，包括肾性水肿、心性水肿、肝性水肿、营养不良性水肿、功能性水肿、内分泌失调引起的水肿等。在中医看来，水肿病是因感受外邪、饮食失调或劳倦过度等，使肺失通调、脾失转输、肾失开阖，三焦气化不利，导致体内水液潴留，泛滥肌肤。这类病症可表现为头面、眼睑、四肢、腹背甚至全身浮肿。

2. “S城中曾经盛传过一个名医的故事”，其中的“盛传”“名医”是不是反语?

答: “盛传”“名医”主要是说明他们在当地的名声与影响，当然这也反映了当时当地的医疗状况——除此之外，并没有太多的就医选择。

3. 题目是《父亲的病》，为什么用很大的篇幅写“名医”为别人治病的传说故事?这个“名医”具体指谁?“我曾经和这名医周旋过两整年”，“渐渐地熟识，几乎是朋友了”，为什么不写他的姓名？

答：第一位“圆而胖”的“名医”，真名是姚芝轩，文中没有出现这个人的名字。一位不愿意被人提及名字的“名医”，本身就是一种反讽，说明作者对他颇为反感，根本不愿提到他的名字。《朝花夕拾》是文学性的散文，不可简单等同于自传，所有的表达归根结底并不是为了还原历史的真相，而是为了抒发个人的思想感情。第二位“长而胖”的“名医”，真名是何廉臣，但《父亲的病》中名之“陈莲河”，这也是文学创作的惯常方式。

4. “阔得不耐烦”怎么理解？

答：“阔得不耐烦”就是这位“名医”已经“因术致富”，相当富有了，无须通过适当降低价格来吸引患者了。这是在形象地描写这些“名医”的傲慢。

5. 明明女儿用药后根本没有好转，主人为什么还笑面承迎道“昨晚服了先生的药，好得多了”？

答：患者用药后根本没有好转，但是患者家人也无计可施，无可奈何之际，只能低眉顺眼讨好医生，这就得“笑面承迎”。这说明当时的医疗条件很差，病患投医无门，无奈之下还得委屈自己去讨好。这是导致庸医横行的社会基础。

6. 文章反复强调“据舆论说”，这些舆论是整个S城的还是仅限于中医界？

答：舆论首先是指社会舆论，即在S城里老百姓口口相传的说法。当然，结合鲁迅对中医等传统文化现象的批判来看，舆论也可以来自知识阶层，这也是过去中医传统留给人们的“说法”。

7. 为什么要写叶天士先生治病的事？这里有没有讽刺他的意思？他只加了一味梧桐叶药引就收到奇效的传说可信吗？如果可信，不就和本文作者对中医的态度相矛盾吗？该如何引导学生正确认识疾病理论、生命现象及治疗案例之间的复杂关系呢？

答：与其说是讽刺叶天士这个人，不如说是引述一种传统的医学信仰，通过现实生活中的遭遇来反思它的缺陷甚至危害。

讲述这个传说与本文所述的经历并没有矛盾。传说越是神奇，越能反衬出现实的残酷和无奈，当然也就消解了这些奇效的真实性，引发人们对中医现实功能的反思和认识。

我觉得这里更值得提醒大家注意的是，鲁迅到底如何看待中医和传统文化？这个问题比较复杂，过去往往也有争论。显而易见，在数千年的历史当中，中医发挥了自己重要的社会作用。在西医传入中国之前，中医在救死扶伤上起到了不可忽视的作用。而且中医本身也有十分深厚的底蕴，是中国博大精深的古典文化传统的一个组成部分。今天，我们也越来越强调中医的历史地位及其在现实当中的特殊作用。如果以这样的背景来看待鲁迅对中医的批评和贬低，就会觉得很困惑，也会觉得难以理解，甚至有人以此作为鲁迅思想存在偏激一面的主要证据。我觉得在这个问题上，鲁迅的言论可能远远不是我们想象的那么简单，在这里也不便详细地展开。但是我的一个初步结论是，与其说鲁迅是如何简单地从表面现象出发否定了中医本身，不如说他深刻而准确地指出了中国传统医学在当时社会环境中的弊端。一般认为，中国传统医学与西方医学的一个重要差异是更注意整体性，也更注意从生命的深层来解释和描述人的身体和疾病。这些描述方式和原理在很大程度上超越了就事论事的思维，显示出对生命更深层次的理解；但是这些东西用日常的语言往往是难以表述的。科学性思维往往能做到很准确，但是它的结论停留在一个可以把握的层面上。整体性思维可能具有更深层次、更多层面的意义指向，不过它在现实的某个方向的准确性上有所缺失。如果我们用西医的科学性来看，中医就存在若干不够精确之处，这就是今天中西医之争的一个重要原因。当然在我看来，它们最终是各有所长也各有特色的。只是，当一个时代的整个社会伦理出现下滑的时候，或者当某些医者的医德也和当时的社会风气一样开始沦落和腐败的时候，那么神秘性的因素就很可能不能够有效地实现真正诊治病患的效果，反而流于一种狡猾的自我辩解。这种神秘主义不仅不能被一般的医者掌握，反而成了糊弄病人、巧取豪夺的一种伎俩，这就是为什么中医在某些时代和某些地方容易成为鲁迅所说的骗子。应该说，鲁迅在这里仍然是把某些中医的表现当作一个社会现象来予以批判，我们从中可以体会到的更多的还是鲁迅对人、对中国社会问题的真切关怀。

8. “只一服，便霍然而愈了”，用“霍然”修饰疾病痊愈，这样表达妙在何处呢？

答：”霍然“指的是医术的神奇、见效的快捷，那么这样一种描写当然加深了传统医学的这种传奇性。

9. “医者，意也”怎么理解？“其时是秋天，而梧桐先知秋气。其先百药不投，今以秋气动之，以气感气，所以……”这句话是传说故事中叶天士自己的解释吗？

答：“医者，意也”语出《后汉书·郭玉传》，原话说的是“医之为言，意也。腠理至微，随气用巧”。大意是说，医生所说的话本质上是只能意会的，它包含的道理是非常精微的。换句话说，就是只可意会，不可言传。这样的医术，是随着对人的深层次观察而加深的。这种层次的观察用的不是僵硬的办法，使的是巧劲，来自医者在那一瞬间即兴的巧思。另外也有说法叫“吾意所解，口不能宣也”，这是说很多医术道理是难以用准确的语言表述出来的，这可能是中医与现代西医的思维方式的一个重大区别。鲁迅在这里引用这句话，大概也是在说中医的不可把握性。从实践效果来说，民间的医者对这个问题的理解千差万别，就很难得到一个统一的施行办法，这也是医术高下真假难辨的一个原因。

对于“其时是秋天，而梧桐先知秋气。其先百药不投，今以秋气动之，以气感气，所以……”这句话，目前并没有准确的证据说是叶天士自己的解释。在很大的程度上，这是鲁迅顺着中国传统医学文化原理，对这样一种治病方式作了一个道理上的引申。我想他主要是为了突出传统医学的微妙性和不可把握性。

10. “几乎是朋友了”，两年之间，鲁迅的父亲的病没有丝毫好转，为什么鲁迅一家竟然和这个“名医”成了朋友？

答：经过两年的时间，他们家渐渐和医生熟悉了，“几乎是朋友了”。这就说明为了替父亲治病，他们和这位医生来往十分密切，彼此之间也建立了比较紧密的关系。

当然，原因也很简单。在当时的就医条件下，医者并不容易寻觅，所以能找到的医生就成了日常频繁接触的医生。因为频繁交往，他们自然就仿佛成了朋友一样。

11. 为什么要写“知道凡有灵药，一定是很不容易得到的，求仙的人，甚至于还要拚了性命，跑进深山里去采呢”这一句？要表达什么？这一句似乎和“也十分佩服”没有关系。

答：由求医说到求仙、说到灵药，还“拚了性命，跑进深山里去采”，这进一步证明了当时医学思维的神秘性和不可验证之处。这是当时的医学发展不能够被人理解和把握的一个根本原因。

12. “正在这时候，他有一天来诊，问过症状，便极其诚恳地说”，看前面的描写可知，这位“名医”名不副实，作者对他更多的是不满，为什么还用“极其诚恳”来描写他？这样的描写体现了鲁迅怎样的情感？

答：鲁迅请的第一位医生已经没有办法替他父亲诊治了，所以用“极其诚恳”的态度自述他的能力已尽。我想，鲁迅在这里用“极其诚恳”呈现了当时社会上这些医者的真实情况：一方面，他们的确没有真正高明的医术；另一方面，他们也并不是十恶不赦之人，不是刻意的骗子。

所以说，鲁迅如实地写出了医生的无奈、无能，这种无奈、无能和他们的坦白相互结合，就成了“极其诚恳”。当然，这种无奈本身更是作为患者的无奈，在这样的医疗条件之下，他们只能接受无奈。

13. “进来时，看见父亲的脸色很异样，和大家谈论，大意是说自己的病大概没有希望的了”，这句中的“和大家谈论”是指父亲和大家讨论病情还是指“我”看到父亲脸色异样而向大家询问原因？应该是后者吧？

答：按照文意，指的应该是父亲和大家讨论病情。

14. 本文重点描写了两位“名医”，陈莲河是由第一位“名医”推荐的。文章只用了一句“本城的名医，除他之外，实在也只有一个陈莲河了。明天就请陈莲河”就转入对陈莲河的描写，这样过渡有什么妙处？

答：这样的过渡使得语意推进得比较迅速，也说明当时的患者的艰苦。这个城市里并没有太多可值得信任的医生可以选择，所以“明天就请陈莲河”这种迅速的文意过渡也是对当时就医条件的一种准确的描写。

15. 文中写“平地木十株”时，“问药店，问乡下人……”一连用了六个短句，为何不用“问了许许多多的人”一句话来代替？这样不是更简洁吗？

答：我想这样一连用六个短句，恰恰生动地写出了家人为治疗父亲的病而四处寻医、到处努力的焦急的情形，这当然比笼统地使用“问了许许多多的人”更加生动和准确。

16. 面对陈莲河故弄玄虚，作者反复写父亲“沉思了一会，摇摇头”，有什么特殊含义吗？这个细节是否意味着鲁迅的父亲知道自己的病已经无救，所以拒绝医治？还是他舍不得出药钱？

答：我想两方面的含义都具备。一方面，一个病人对自己身体的感受是相当准确的，他也能够觉察到医生的用药在自己身体内部引起的种种反应，在这一瞬间，父亲“沉思了一会”，显然也是在回味、回顾自己就医的种种体验。另一方面，作为一家之主，他也必然怀着对自己家庭经济条件的最基本考虑。所谓舍不得出药钱，自然也包含了他对自己家人和未来的一种责任。所以，此时此刻父亲陷入对病痛和家庭生活责任的双重无奈之中。

17. 如何引导学生正确认识“医者，意也”(第九段)以及“轩辕岐伯的嫡派门徒”“轩辕时候是巫医不分的”“他的门徒就还见鬼”“这就是中国人的‘命’”(第二十段)等文中表现的中医理论尤其是中医学中的糟粕思想?

答：中医的思维方式在很大程度上超出了现实世界的人对于可见的物质条件的基本把握，包含着对生命更深层次的探究。当然，这种探究可能具有超越现实的深刻性，但同时也体现出容易被庸人误用的危险性。

18. “中西的思想确乎有一点不同”，其中体现的对待死亡和亲情的态度，是否影响或照应了鲁迅对自己在父亲临终时错误行为的反省?

答：中西医对待死亡和生命的不同态度，当然是《父亲的病》这篇文章最终要反省的地方。“我”强调生命的延长，反而可能给自己临终的父亲造成更大的痛苦，这是鲁迅自我反省的一个重要原因。

19. 给鲁迅传达西医的医治思想的“一位教医学的先生”是不是藤野先生?他对待绝症病人的态度是不是

和少年鲁迅的想法“还是快一点喘完了罢”有些关系？

答：鲁迅在仙台医专学过西医，教授他医学知识、西医基本理念的当然不止藤野先生一位，所以我们在这里不要机械化地理解。这里的“一位教医学的先生”是不是藤野先生这个人本身并不重要，重要的是鲁迅传达了中医和西医在对待生命问题上的不同态度。

20. 鲁迅成年学医后，接受西医“可医的应该给他医治，不可医的应该给他死得没有痛苦”的思想，再反过来回想父亲临终的情况，是否可以释然很多？

答：恰恰相反，我觉得他回顾自己少年时代因为无知反而有可能增加了父亲的痛苦时也许会陷入深深的追悔当中，而不是“释然很多”。

21. 从世俗礼法来说，衍太太让“我”不断大声呼唤父亲貌似没有错。鲁迅在文中写衍太太这一人物和文章题目有必然联系吗？衍太太究竟是个怎样的形象？

答：衍太太是一个貌似精通且严格遵守世俗礼法的人，但是我们在别的篇章里边已经看到了，衍太太恰恰是一个自私自利的虚伪的人，她所缺少的恰恰是从内心生发的对人的真诚关怀。在这个意义上，衍太太也是鲁迅刻意为我们塑造的一个文学人物。根据学者的考证，在鲁迅的父亲临死之前，真正让他不断大声呼喊“父亲”的其实不是衍太太，而是长妈妈。长妈妈虽然有令鲁迅不喜欢之处，但是她总体上仍然是鲁迅从情感上比较能够接受的一位长者。所以在这个地方，鲁迅在文学描写当中作了必要的处理，把这样一个让他产生负疚感的责任转移到了衍太太身上。《朝花夕拾》里边的很多散文都采取了这样的文学塑造方式。

22. 衍太太在父亲临终前的仪式安排有何象征意义？这些民俗包括衍太太让少年鲁迅一直喊临终前的父亲究竟有何说法？这算不算绍兴当地的民俗？

答：衍太太在父亲临终前的安排恰恰生动地表明了传统中国人的一种生命态度，也就是把注意力都放在一些伦理的表现形式上，对生命本身其实缺乏真诚的理解和关怀。这是鲁迅写到自己一直相当后悔、觉得对不起父亲的一个根本原因，也说明传统的伦理形式有违背生命关怀的地方。这是鲁迅批判中国传统文化的一个根本原因。

23. 结尾强调这是“我对于父亲的最大的错处”主要想表达什么？鲁迅对父亲究竟是一种怎样的感情？

答：鲁迅在文章里面说得很清楚，他是很爱自己的父亲的，对父亲有很深的感情。在这种情况下，他在父亲最艰难的时刻也就是生命即将结束的时候反而增加了父亲的痛苦，当然觉得非常后悔。

24. 对父亲之死的描写篇幅很短，但给人印象极其深刻，为什么有这么独特的效果？

答：篇幅虽然短，但是涉及生死。生死是人生最大的问题，我们在这个问题上所犯的错误当然就是一生当中最深刻的错误，本身就值得我们用一生的时间来追念、反思。这就是这一部分具有独特的表达效果的原因。

25. 这篇文章涉及“生命”“疾病”“死亡”“亲情”等多个话题，初中生阅读这篇文章，应将理解的重心放在哪个方面呢？

答：这篇文章涉及多个话题，但是根本的意义还是生命，是对待生命的态度。这里边既有中西两种医学对待生命的态度，也有临终关怀所体现的生命观。当然，这种生命观也体现在日常的亲情当中。在阅读这篇文章的时候，我觉得可以初步给初中生介绍中西文化对待生命的基本观念，以及其在社会实践当中表现出的差异。

26. 几年来为父亲治病的沉痛经历是作者赴日本学医的主要原因吗？这段经历对鲁迅后来的人生走向

和文学创作具有怎样的影响和意义?

答: 为父亲治病的沉痛经历当然是作者赴日本学医的一个重要原因，而就是在这样一个对生命的关怀过程当中，鲁迅又逐渐走上了从学医转向学文的过程，正所谓弃医从文。这两者在根本上是相通的，也就是说它们都是关怀人的生命。学医是关心人的肉体，学文是关心人的灵魂和精神。从关心人的肉体到关心人的灵魂和精神，这是一个对人和世界的认知逐渐加深的过程。而随着这个过程，一个少年的鲁迅、青年的鲁迅走向了成熟，成为一个成年的鲁迅。

27.《〈二十四孝图〉》和《父亲的病》对封建孝道的批判有着内在的一致性，两篇文章还有何内在联系?

答: 应该说，《〈二十四孝图〉》和《父亲的病》都涉及孝道。但是，孝道只是一方面。归根结底，它们并不是对孝道本身进行探讨，而是挖掘在亲情关系当中人对生命的理解。我们不能一谈到孝道就冠以“封建”两个字，其实西方国家正常的伦理也是很重视家庭关系的，并不是说只有中国传统文化才重视孝道。这里体现了多种文化形态当中对人和生命的理解的差异性，鲁迅穿梭于中外文化之间，寻找着一种健康的生命观念和表现形态。

《琐记》答问

1. 衍太太“对自己的儿子虽然狠，对别家的孩子却好的”，“决不去告诉各人的父母”。我们平常遇到子女在外闯了祸，别家孩子家长找上门来，不也是得狠揍狠批自家孩子吗？

答：鲁迅的很多散文构思都是很巧妙的，他对人的描写也是非常有特色的，有时候是欲扬先抑。有时候是欲抑先扬，有时候是似扬实抑。这篇《琐记》就是这样，他在这里说衍太太“对自己的儿子虽然狠，对别家的孩子却好的”，从表面上看很符合中国家庭为人处世的道理。

在第一段中，作者以比较轻松的心情写到了当时孩子们心目中对衍太太的好感，作者甚至写道：“我们就最愿意在她家里或她家的四近玩。”但是到了第二段，鲁迅的叙述当中深藏的意味就逐渐展开了。比如说，水缸里结了薄冰，早晨孩子看见了就吃冰，沈四太太就赶快斥责孩子说不能吃：“要肚子疼的呢！”这话给母亲听见了，就会出来骂孩子。

从表面上看，这好像是沈四太太在告孩子们的状，所以他们当然不大高兴。但问题是，沈四太太恰恰是发自内心地为孩子们好。她着急了，制止孩子们吃冰，孩子们虽然挨了骂，但其实是得到了保护。在这里，鲁迅接着说："衍太太却决不如此。假如她看见我们吃冰，一定和蔼地笑着说，'好，再吃一块。我记着，看谁吃的多。'"这里就暗暗地完成了一个转折。你想想，明明吃冰对孩子虚弱的脾胃是不好的，但是这位衍太太却不仅不制止，还鼓励孩子们吃。读到这里，我就觉得心里有点异样、不是滋味。这就是鲁迅写作的巧妙之处。表面上看，孩子们对衍太太感到很亲切，喜欢到她那里去，接着才慢慢从这里展开，深入衍太太的内心世界。

2. 从孩子的视角看，自己犯错后遇到的"不告诉父母"的家长不就是"好"家长吗？

答：鲁迅在这里显然是用了双重视角，一个是孩子的视角，一个是成人的视角。孩子们对人情世故知道得很少，只凭自己的直觉作出判断，觉得能顺应自己性格的就是好人，殊不知这恰恰是人的阴险之处。在另外一篇文章《从百草园到三味书屋》里边，有一句话给我们留下很深的印象，就是通过美女蛇的故事，鲁迅说感觉才知道了做人之险。

美女蛇的故事指的是大自然中存在不可预测的危险，而在《琐记》这里，指的是在人与人的关系当中、在社会关系当中同样有不可预测的危险，这是年幼的孩子们所不能理解的或者说根本无从觉察的危险。

3. 衍太太在几个孩子比赛打旋子时为孩子的玩乐喝彩，并且在孩子受伤后还细心地为其擦拭伤口，“不但止痛，将来还没有瘢痕”。这样不是更招孩子喜欢吗？或者用现代语言来说，不是更懂得儿童的心理吗？

答：衍太太当然懂得儿童的心理，更准确地说，她懂得如何招孩子喜欢。但是，我们成人对儿童的教育当然不能仅仅以表面上的招孩子喜欢为原则，更重要的是一个成人应该对孩子的成长负责任。衍太太的言行只是为了讨孩子的欢喜，却从来不想替孩子的成长承担责任，这就是衍太太的虚伪之处。

4. 如何理解第四段衍太太让小鲁迅看春宫画这件事？

答：衍太太让小鲁迅看春宫画，当然是出于某种近于邪恶的本能。这恰恰非常生动地说明了她从骨子里边并不是真正关怀孩子们的成长，而是别有用心。这就一下子揭示了衍太太为人处世的阴险之处。

5. “这使我很不高兴，似乎受了一个极大的侮辱，不到那里去大约有十多天”，从鲁迅当时的年龄和那个年龄段的心理规律看，如何理解文中的这句话？

答：其实“我”并不知道真的发生了什么，只是本能地觉得受了欺骗，因为明明是衍太太把书塞在“我”眼前让“我”看的，看完了之后，却遭到这两个人的嘲笑。“他们便大笑起来了”，前后的这种反差匪夷所思。对于小孩子而言，他可能并不知道其中的真实含义，但是却对人的喜怒哀乐有着非常准确的体会，这在某种意义上是自然的本能。就像我们看动物，你没办法跟一些动物进行真正的精神交流，但是它能看得出来你的喜怒哀乐。你是提防它，是讨厌它，还是喜欢它，在一瞬间它都可以感受得出来。一个小孩子并不知道这个书是什么样的书，他们为什么让他看，又为什么大笑，有嘲笑的行为。但是从前后的这种充满矛盾的行径当中，他能感觉到自己上当受骗，所以说有十多天没到衍太太家去。

6. 鲁迅并未直接说明流言是衍太太传出来的，只是第六段有与衍太太的谈话，第七段就有了流言的发生。两个事件有何关系？

答：这其实就是暗示了流言的来源就在衍太太这

里，因为衍太太私下告诉“我”：“母亲的钱，你拿来用就是了，还不就是你的么?”鲁迅并没有说这些话被第三个人听到，这些主意也完全出自衍太太之口，但后来的事实是外边的流言蜚语就按照衍太太的假设传播开来。在这里当然只有一种可能性，那就是衍太太把她对小鲁迅的劝告当作事实，在街坊四邻当中流传。略知前后事实的人就能顿悟出来其中的因果关系。

7. 衍太太的人物原型是谁?

答：衍太太的人物原型是鲁迅的一位叔祖母。在绍兴覆盆桥周氏房族中，鲁迅所属的“智房”一系又分为“兴房”“立房”“诚房”三个分支，这位叔祖母就是“诚房”叔祖周子传的太太。

8. 作者写衍太太的意图是什么？为什么这篇文章从衍太太写起?

答：《琐记》是鲁迅对自己留日前的一段生活的记录，从他的人生履历来看，正好就是对“走异路，逃异地”、寻找“别样的人们”的缘起的追述。那么究竟是什么促使鲁迅要作出在当时人们看来“异样”的选择呢?当然是对周边生活的不适，其中衍太太这样的人就是令鲁迅深受伤害并决心远行的缘由。

9. 衍太太是个怎样的人？该怎样评价她？

答：衍太太是个典型的市侩人，她精于人际关系的算计，深通人情世故，在各种社会关系中游刃有余地获取利益，表面热情慷慨，但内心却十分冷漠，从不会真诚地对待与自己无关的人们。这是一个被传统伦理道德深刻异化且自私自利的俗人。

10. 生活中不乏像衍太太这样的人，恶而不觉，伤害他人而不自知，其实这些人本身也很可悲可怜。作者在本文中写到这样的人表达了怎样的态度与情感？是否过激？

答：对衍太太的描写来自鲁迅成年之后对国民性的反思和洞察，这种洞察让他也追忆了自己心灵的受伤史。他通过这样的世俗形象揭示了传统国人的灵魂深处的扭曲和阴暗，笔力深刻而透彻。这不是“过激”，而是观察深入。

11. 流言对鲁迅的一生有怎样的影响？鲁迅对流言有怎样的认识？持什么样的态度？

答：鲁迅可以说是一生都被流言伤害的人，也可以说他在一生中对流言在中国文化、中国社会当中所构成的巨大祸害深有体会。他也用自己的一生来跟流言作斗争。他的杂文里边经常有各种流言引发的话题，他的小说里边也有很多关于人与人之间的流言的细节。可以说，对流言现象的表现和思考是构成鲁迅思想的一个非常重要的内容。

在一个以传统伦理道德来控制社会的时代，是社会舆论而不是法律维系着社会秩序，这是封建专制社会与现代社会的一个重大区别。鲁迅的一生可以说都是在致力于结束封建专制的伦理秩序，推动中国一步一步走向现代的法治社会。他用自己的一生来反抗流言，以此推动中国完成现代转型。

12.“但那时太年青，一遇流言，便连自己也仿佛觉得真是犯了罪，怕遇见人们的眼睛，怕受到母亲的爱抚。”这句话该怎样理解？为什么“怕受到母亲的爱抚”？

答：从心理学的角度来说，青年一般具有道德上的洁癖，当遇到流言的时候，即便自己不一定犯了什么错误，也被先天性地自陷在一种犯罪的心理氛围当中，所以说自己感觉害怕，这就是流言对人的伤害。为什么“怕受到母亲的爱抚”呢？因为孩子只有犯了错误才会格外得到母亲的关怀，母亲的爱抚加强了犯错的感觉。所以说这就是人在心理上非常微妙的表现：母亲爱护“我”，但是爱护本身却巩固了这个社会流言的事实，让“我”陷入犯罪的错觉当中。

13. “那么，走罢”，此处“我”到底因为什么要离开?

答：“我”到底因为什么要离开？是因为在故乡的整个人生遇到了挫折，这里边当然包括家庭的挫折和基本社会关系的挫折。像鲁迅这样家道中落的孩子已经失去了进一步沿着固有轨道发展的可能性，所以说离开就成了一个迫不得已的选择。

14. “脸早经看熟”“连心肝也似乎有些了然”是怎样的一种感受?

答：这是一种沉痛的感受，也可以说是痛入心扉的感受。“脸早经看熟”，指的是人的行为表现；“连心肝也似乎有些了然”，就是已经能够透过这些表面的社会行为读懂人的内心世界。这是少年鲁迅对国民性最早的洞察，也是促使他以后走上改造国民性、建设新文化道路的真正动因。

15. “寻别一类人们去”究竟是要寻找怎样的人们?

答：“寻别一类人们去”是“我”在朦胧当中对陌生世界的一个期待。“我”希望在不一样的地方有不一样的人性表现，也有不一样的社会环境。总之，是为了离开这片熟悉的土地，寻找一种新的人生模式和社会形态。“我”还对另外一个空间、另外一个社会当中的人和社会形态抱有希望。

16. 中西学堂为什么成了“众矢之的”？作者写这个内容究竟想要表现什么？

答：中西学堂是在洋务运动中中国最早开办的新式学堂，里边的教育内容包含了一些西方的文化知识，也有一些传统的文化知识。但是它当时却遭到了社会保守势力的怀疑和攻击，被认为是脱离了中国固有教育之路的背叛性行为，所以说成了“众矢之的”。

17. “国粹保存大家”指哪些人？他们有怎样的议论？

答：这个“大家”指的是当时苟安于世的人，主要是一些思想僵化的保守派。他们认为自己目前的生活形态是靠着固定的传统文化来维系的，这当然是一种不思进取、不愿直接面对时代进步的荒谬思想。

18. “第一个进去的学校”应该是江南水师学堂，作者写了在这所学校学习的不少内容，但为什么一直没提这所学校的名称呢？

答：鲁迅“第一个进去的学校”是江南水师学堂，

但他对这所学校是相当不满的。鲁迅在 1894 年进入水师学堂的管轮班，但是这个学堂的整个教育环境和教育方式都显得非常陈腐，为一心求索新知识、新教育环境的鲁迅所反感。他在文章里边提到了很多关于这所学堂的内容，但是大多是讽刺性的。比如说自己的同学为了学游泳在水池里淹死了，学校就因此改变了水师学堂的游泳教学，把水池给填平了，上面还造了一个小小的关帝庙。这样一种教育理念和治校方略显然是不符合现代教育思想的，所以鲁迅对它充满了反感。

鲁迅唯一提到的名字就是它后来改的名字雷电学堂，他说这个名字非常像《封神榜》上“太极阵”“混元阵”一类的名目。可见这个时代的教育和古老的迷信传说混杂在一起，是多么的不伦不类。

大概正是出于对水师学堂的不满，鲁迅不愿意提到它的名字。

19. 鲁迅写在南京求学，提到了“螃蟹态度”，讽刺的是哪一类中国人?

答：“螃蟹态度”实质上是鲁迅对当年水师学堂高年级同学的走路姿态的一个描述，指一个人独占了一条道路，不允许别人超越他快步而行。这种螃蟹式的举止本身体现的是为人处世的霸道行径。通过这个细节，我们也可以看到，当时对学生进行的社会文明教育是相当不够的。鲁迅还特别说到，后来在教育部也发现了有位老爷虽然不是雷电学堂出身，可是走路的姿态也是螃蟹态度。鲁迅说螃蟹态度在中国也颇普遍，实质上是说中国人所接受的现代文明教育还相当欠缺，在我们的日常行为当中缺少对他人的尊重和礼让。可见当时的这一类新式学堂是不成功的，这正是鲁迅对国内教育相当失望的原因。

20．“可爱的是桅杆。”应怎样理解这句中的“可爱”一词？

答：这大概是鲁迅当年在水师学堂里边最愉快的生活记忆。桅杆高高地耸立在校园里，可以供孩子们攀爬，爬到顶可以近看狮子山、远眺莫愁湖。所以在描绘它的时候，鲁迅用了“可爱”这个词，符合孩子们接近大自然、获得身心愉悦的追求。在当时沉闷的、腐朽的、扭曲的学校教育里边，只有桅杆的存在才带给孩子们真实的快乐，所以鲁迅用这种亲切的口吻描绘了校园里边的这根桅杆。

21．焚化字纸的砖炉炉口上方写着“敬惜字纸”是不是很有讽刺意味？该怎样理解这个细节？

答：“敬惜字纸”在这里具有反讽的意味，因为这个焚化炉的产生就是因为学校把学生学游泳的水池填平后建造的一个怪异的关帝庙。一个水师学堂让学生练习游泳本来应该是教育的题中应有之义，但是出事以后却采取如此的回避态度，禁止学生游泳，填平了水池，还顺从于封建迷信的要求，在上面建造了镇压冤死鬼的关帝庙。这个焚化字纸的砖炉提醒人们“敬惜字纸”，却不敬惜两个逝去的生命，向迷信退让和妥协，这对现代教育当然是极具讽刺意味的。

22. “一个红鼻而胖的大和尚”，这里的“红鼻”有没有影射？

答：“红鼻”在鲁迅厦门时期的创作里不时出现，在过去一般认为它影射顾颉刚，因为正是在鲁迅厦门时期，他们之间有矛盾。但是鲁迅经常运用这种灵光一闪的闲笔，有时候开个文字玩笑，有时候有深刻的讽刺意味。“红鼻”在这里是不是就是指顾颉刚，就像鲁迅在别的文章和诗人书信里边所用的这个绰号一样，不必成为我们过分追问的对象。归根结底，鲁迅散文和杂文的意义在于对社会文化和公共现象的剖析和揭露，其中当然难免也涉及一些个人矛盾，但是我们不必抓住这些过于琐碎的细节不放甚至予以放大。我觉得这里的"红鼻"有没有影射，并不影响这篇散文的总体意义。

总而言之，"一个红鼻而胖的大和尚"这个形象本身是带有某种讽刺意味的。放焰口是超度亡灵、是行善，但是这样一个民间化的行善方式是否真的体现了从社会文化的角度对生命的关怀？鲁迅可能是存疑的，所以他情不自禁地用了一些对人的形象的讽刺性的甚至有点儿喜剧性的描写手法，我觉得倒不必一一对应到现实生活当中的人。

23. "我每每想：做学生总得自己小心些"，具体指小心什么？

答："做学生总得自己小心些"，这里的重心是"自己"两个字。也就是说，鲁迅在现实的体验当中清晰地意识到，当时的社会环境、伦理法则和教育方式并不能够主动地爱护和关心学生。那么，在教育过程当中，无辜的孩子真正能得到的有利于身心成长的关爱其实并不多。所以，在更多的时候，为人为学都得自己努力、小心。这当然是在讽刺当时的教育环境和社会环境。

24. "近来是单是走开也就不容易，'正人君子'者流会说你骂人骂到了聘书，或者是发'名士'脾气，给你几句正经的俏皮话。”该怎样理解这句话？

答：鲁迅的散文时常展开跨时空的联想，以达到以旧衬新、以新论旧、贯通人生认识的效果。这里的“走开”本来是指厌弃水师学堂和退学的愿望，表达青年时代努力挣脱束缚的选择，但却突然插入“正人君子”“聘书”“‘名士’脾气”等厦门生活的纠葛故事，说明恶劣环境的包围始终存在，鲁迅一生都在寻找“别一类人们”。

25. “于是毫无问题，去考矿路学堂去了，也许是矿路学堂，已经有些记不真，文凭又不在手头，更无从查考。”虽然过去二十多年了，但也不至于连学校名称都记不准了吧？作者为什么这么写？

答：鲁迅对水师学堂非常不满，所以七个月之后就退学了，接着就进入附设在陆师学堂下的矿路学堂。在这里他虽然接受了三年多的教育，但仍然是相当失望的。我相信鲁迅不会记不得自己学堂的名称，而是刻意地用语言表明这样的新式学堂依然不是他理想当中的教育，也不是他愿意一心追求的教育。“记不真”“无从查考”实际上是对当时的教育制度和教育环境表达不满的一种方式。

26. “这回不是 It is a cat 了，是 Der Mann，Das

Weib，Das Kind。”这是不是想表达从学英文转到了学德文？

答：在当时的教育当中，英文是我们比较普遍地引入的一个外文语种。同时，出于向日本学习的原因，在日本流行的德文也成为我们学习外文的一个主要内容。在这句话里边，鲁迅先后运用了英文和德文，我觉得比较生动地体现了当时外文教育的情况。

27. “论文题目也小有不同，譬如《工欲善其事必先利其器论》，是先前没有做过的。”这究竟是怎样的一种变化？为什么要强调这种变化？

答：中国传统的学生习作主流是要论述人的伦理道德的，是对道的一种再阐释和再认知。但《工欲善其事必先利其器论》这样的题目，实质上要讨论的是术，也就是方法。从道到术的演变是中国近代一个根本性的改变，就是弃道而就术。这也在一定程度上说明，洋务派的知识分子开始不得不承认外来文化在改造世界的方法上的优势。所以说，这个题目显然是要强调对人的工具性的认知。这是对学习内容的改变，也是对知识需求的改变，属于近代中国教育开始发生渐变的一个体现。

28. 作者写南京求学生活，为什么没写改名“树人”的事?

答: 鲁迅原名周樟寿,樟寿就是对长寿的一种祝愿。鲁迅有一个叔祖叫周庆芳,当时在南京水师学堂任舍监,因为这层关系,周家先后有三名子弟到南京水师学堂求学。周树人的名字就来源于这个时候,是由这个叔祖建议改换的。因为当时的新式学堂包括水师学堂的学生在社会大众的心目当中就是吃粮当兵,本身已经违反了读书入仕的“正途”,是迫不得已的选择,所以在某种意义上是有失门风、辱没祖先的。按照这样的理解,进这样的学校最好不使用家谱中的本字,所以就暂停使用周樟寿,改为周树人。虽然寓意很好——百年树人,但是当时的初衷却是出于“被迫求学”的一种无奈,带有某种委屈的心态。我想,鲁迅不愿意强化这样一种莫名的委屈感,他甚至不认同这样的理念。所以,对于从周樟寿改名为周树人的这段故事,鲁迅刻意地隐去了。

29. 第二十六段对毕业季的描述,和当下大学毕业生的心境极其相似。除了考虑时代风气的影响,能不能说这一段的描写也具有普遍意义?毕竟教育从来没有完美过,谁的青春不迷茫?谁毕业时没有“爽然若失”?如此一来,这篇文章的批判意义和现实意义是否就更鲜活了？

答：我觉得鲁迅在这里所表达出来的“爽然若失”是比较复杂的，并不仅仅是对学校的留恋。其中显然有留恋，比如说他再一次提到爬了几次桅杆。虽然这个水师学堂让他很不以为然，但是这几次爬桅杆的欣喜体验还是记忆犹新的。在这里他可能还有一种对自己青年生活的怀念，但同时这种“爽然若失”也有一种对未来茫然无措的感觉。因为无论在水师学堂还是矿路学堂，鲁迅对真正的现代文化知识的学习都是琐碎的，这一切让当时对人生充满期待的鲁迅颇为失落。在鲁迅的教育生涯当中，这种茫然的体验实际上是开启他留学日本之旅的一个重要原因。

30. 派定五名留学生到日本，其中一个因为祖母哭得死去活来就不去了，为什么要写这样一个事实？写其中一个因故未成行不就可以了吗？

答：鲁迅没有简单地写有一个同学因故未成行，而是特别突出了一个细节——因为祖母哭得死去活来就不去了，这恰恰说明当时留学在普通中国老百姓心中是一件富有争议的事情。与今天人们的正常体验有所不同，当时留学并不是一个充满希望的人生选择，而是充满了不确定性甚至危险，所以这位祖母哭得死去活来。这个细节的凸显，恰恰证明了当时新式教育也好、留学也好是多么稀有，也证明了当时中国人的教育观念与整个时代的发展有多么不合拍。

31. 作者跑去“请教”留学事宜，前辈同学“郑重”地所说的与事实反差太大，是不是这个同学就没有去过日本？当时有很多像这个同学一样的冒牌留学生吗？“郑重”一词可以改为“随意”吗？

答： 鲁迅又说到了前辈同学当中流传的关于日本的荒谬传说，这恰恰证明中外文化之间仍然存在着很深的隔膜。鲁迅特别用了“郑重”两个字，而不是用一般性的描述。“随意”可能是有意无意间的误解，“郑重”却是一种特别的嘱托。因为在这些同学的心目中，日本种种奇怪的生活现象是真实存在的。有了“郑重”两个字，这种因为文明的隔膜而带来的荒谬感才显得格外真实。

32. 虽然全文有一种压抑感，但还是能够感觉到新的希望。这种希望从何而来？从中能读出一个怎样的“我”？

答： 整篇《琐记》是一个开放式的结构，鲁迅一步一步地从压抑的生活环境走到了与外部世界有交流的新鲜的生活之中。虽然仍有诸多误解与迷茫，但是新的人生已经展开，日本的生活和教育正在向我们展示一个生机勃勃的、走向独立的青年成长的世界。从这个意义上来说，文章叙述的开放性让我们充满无穷的联想。鲁迅的未来、中国知识分子的未来，都在这种无穷的可能性之中。

33. 该怎样理解和鉴赏《琐记》这个题目？

答：“琐记”这个词用得非常有意思，表面上的意思是琐碎事件的记录。从文章的表面元素构成来说，似乎就是这样：鲁迅从衍太太与孩子们的关系写到自己在流言当中受到的委屈，从S城的人对当时新式学堂的笑骂写到自己迫不得已到南京，先后在两个学堂求学，最后又在各种奇怪的传说当中选择到日本留学。这一切仿佛是人生一系列细碎的演变，但是细碎中其实有清晰的逻辑链条，这个链条就是鲁迅在不断地走出固有的生活圈，向着一个更新鲜的方向探寻，去寻找新的人生之路。因此琐记又并不琐碎，里边体现的是鲁迅一以贯之的“走异路，逃异地，去寻求别样的人们”的强烈愿望。

34. 南京求学是鲁迅人生旅途中很重要的一段行程，回忆这段生活时作者应该是百感交集的，该怎样理解全文的感情基调？

答：南京求学是鲁迅结束在中国的教育生活、走向一个全新的开放的世界的过渡阶段。回首这一段历程，作者当然是喜忧参半的。他有很多关于现实人生的经验和教训，这些经验和教训一时之间难以用简单的语言加以描述，一切故事都融化在看似琐碎的经历中。但值得注意的是，就在这些经历的演变当中，鲁迅贯穿了自己对新教育、新生活、新环境的执着追求和向往，这样一种执着、这样一种坚定的求索就是全文留给我们最深刻的印象。所以说，其中有失落，但是并不强烈；其中有批判，但是更充满了希望。总而言之，这是引导幼年鲁迅、少年鲁迅向着生机勃勃的青年鲁迅过渡的重要人生过程。

《藤野先生》答问

1. 据说手稿上这篇文章的题目最初不是《藤野先生》，请问现题目比原题目好在哪儿？

答：根据学界对手稿的研究，《藤野先生》是目前所知十分典型的被鲁迅修改过题目的文章。日本学者佐藤明久在21世纪之初重新研究了鲁迅手稿，并利用影像学的技术推测手稿上留下的原题是《吾师藤野》。后来，一些中国学者也围绕这一推测提出了自己的判断和分析。

一个作家在写作过程中对文章的题目来回进行推敲，这实际上是一个常见的事情。其中的原因是什么？可能比较复杂。或许最初他对自己的表达有初步把握，但是在写作过程中思想却发生了一些变化，对于需要突出的重点，前后出现了不一样的考虑。到后来，他根据不同的情感发展作出了适当的调整。又或许，他在反复尝试什么样的语言表达更符合整篇文章所设定的语言氛围和逻辑。目前，对于鲁迅的这篇文章，国内学界从手稿上隐隐约约可以推测出本来的题目，我觉得教师们不妨给学生作一些介绍。但是对于究竟哪个答案是确定无疑的，我想我们应该本着一个开放的姿态，这是理解文学的丰富性及其微妙变化的契机。

我们不妨作一些推测，国内一些鲁迅研究界的学人也已经作了一些讨论。比如说有的学者从语言文字表达的内在逻辑上分析认为，《藤野先生》正文里写到藤野的称谓时主要用的就是“先生”，而没有用“吾师”这样一个说法。从语义称谓的一致性来说，题目要和后边的内容更好地衔接，还是用“先生”为佳。使用“先生”比使用“吾师”更符合文章的整体氛围。

当然，我们也可以结合“吾师”和“先生”这两个词语的使用心态来加以比较分析。比如，一般认为“吾师”的说法更具有个人色彩。在口语当中，在一种饱含个人情感的私人化追溯当中，我们的表述常常是“吾师”如何如何，这样可能更有利于表达一种个体性的情感；“先生”则显得比较庄重、严肃，这可能体现出对被描写者社会地位的肯定和理解。比如说大家都知道的鲁迅的另外一篇文章《关于太炎先生二三事》，鲁迅在书写自己的另外一位恩师章太炎时用的就是“先生”两个字，这显然是为了表示对老师的敬重。我想，这里用“藤野先生”也有如此的效果。但是，我觉得最终的理解是开放性的，学生可以运用自己的文学知识和感受能力来加以分析，与教师一起来寻找答案，这样教学效果可能会更好。

2. 本文开篇劈头就是“东京也无非是这样”，是不是承接《琐记》中描述的鲁迅厌恶洋务学堂学风和当时中国青年群体萎靡不振的状态？有人认为开篇给人突兀之感，也有人认为这是神来之笔，还有人认为直接写仙台也未尝不可。请问鲁迅先生这样的开篇有什么讲究？

答：“无非”两个字传递了鲁迅对当时留日学界的失望。可以说，鲁迅是满怀着到异国他乡学习新知识、新文化的理想来到东京的，但他对在当时的中国留学生中耳闻目睹的现象却感到深深的失望。“无非”显示出到处都是这样，天下乌鸦一般黑。即便是在高等教育很发达的日本首都东京，中国留学生萎靡不振的精神状态也让他非常失望。我想，这里突出东京是为了与后边写他转学到仙台的人生体验形成对比。在东京的失望恰恰衬托了他后来在仙台的收获，特别是接触藤野先生之后被异域文化、被别样的人性和精神状态深深感动。

3. 本文主要表现藤野先生的伟大精神与品格，为什么文章开头要描写东京的中国留学生的生活？为什么是“速成班”？当年鲁迅先生留学日本时，中国的状况究竟是怎样的？为什么清朝政府要派留学生“成群结队”地去日本学习？他们为什么要盘辫子？为什么“油光可鉴”？“实在标致极了”怎么理解？第一段用了三个比喻“绯红的轻云”“富士山”“小姑娘的发髻”，这样的描写有什么艺术效果？

答：文章开头描写东京的中国留学生的生活，当然是为了反衬鲁迅在仙台的人生体验，对比他师从藤野先生后的感受。因为东京是日本的文化中心，也是当时中国留学生的首选地，这里聚集了最多的中国留学生。但正是对东京的留学生活的失望感受催促鲁迅去了仙台，这就为刻画仙台的生活感受打下了基础。

为什么是“速成班”？当时中国在派遣留学生的过程当中实际上体现了一种急功近利的色彩。很多留日学生都进入“速成班”，相当于今天的语言学校或专科类学校。这表面上是为了迅速学习西方的文化知识，实际上是当时知识界的功利主义的一种表现。

近代日本是中国重要的留学目的地，从康有为的“请广译日本书，大派游学，以通世界之识，养有用之才”到张之洞发表著名的《劝学篇》，中国知识界对留学日本持续高度重视。《劝学篇》中有如下极具鼓动性的判断："出洋一年胜于读西书五年。""至游学之国，西洋不如东洋。"自此，中国留日学生渐成规模，人数逐年递增，进入20世纪初叶以后最高竟达万人（1905—1907年）。从1901年到1911年，每年的留日学生人数都高于留学其他各国人数的总和。

鲁迅写这些留学生还盘着辫子，"油光可鉴"，"标致极了"，是一种反讽的手法。既然在国外留学，那从逻辑上讲就是要向西方文化学习、向中国之外的世界学习。但是，当时的留学生却难以摆脱封建文化的深刻影响，还梳着长辫子，呈现出很滑稽的样貌。这里，鲁迅反思和批判了国门打开之初中国人普遍存在的畏缩与保守心态。

4. "中国留学生会馆的门房"是书店吗？为什么说"有几本书买，有时还值得去一转"？"几间洋房"是留学生的宿舍吗？鲁迅先生当时也住在里面吗？"精通时事的人"具体是指什么人？

答：门房不是书店，是看守房间的门卫所住的地方，用作书店估计是一种临时性的功能。"洋房"指的应该不是宿舍，可能是会馆的附属房间。所谓"精通时事的人"，指的是对当时中国留学生的生活情境、方式比较了解的人。正因为比较了解这些，他们知道这些留学生的脾气、爱好，当然也就知道这些留学生的主要精力并没有放在学习外国文化上，而是放在学跳舞上。鲁迅特别写到中国留学生热衷于跳舞，这当然是指这些人的生活方式不思进取。

5. “到别的地方去看看，如何呢?”这句话为什么单列成段？鲁迅刚到日本时计划学习的是什么专业？印象中，鲁迅似乎在东京旁听过章太炎先生的课？为什么鲁迅先到东京求学？他又为什么离开东京？仙台的医学专业难道比东京的还好吗?

答：“到别的地方去看看，如何呢?”我想这句话是一个转折的段落，恰恰说明前面第一次在东京的留学生活给鲁迅留下了非常糟糕的印象，所以他想换地方，才有了后来的仙台留学经历，也才有了他与藤野先生的友谊。单独成段就是为了突出这种转折。这是鲁迅人生的转折、学业的转折，也是他的生活经验的重大转折。

鲁迅刚到日本时其实计划学习军事，进士官学校。但是士官学校只接收水师学堂的中国留学生，不接收矿路学堂的。所以鲁迅第一次到东京是为了在弘文学院学习日语及一些基础知识，这是一所日语速成学校。

鲁迅在东京旁听章太炎先生的课是在他第二次到

东京时，那时他已经从仙台医专退学了，这是1908年的事情。之前他离开东京到仙台，才开始了专业留学。仙台是一个偏远的地方，鲁迅特意离开中国留学生集中的城市，有意识地选择一个“还没有中国的学生”的地方开始自己新的生活，我想这也是他一生自我边缘化的一个重要体现。

6. 第四段中“仙台是一个市镇”直接承接第一句“我就往仙台的医学专门学校去”也很顺畅，为什么中间还要写驿站“日暮里”和“水户”的内容？这和藤野先生这一主题人物有何关系？“日暮里”这个地点为什么让作者印象深刻？具体原因是什么？“水户”是驿站吗？为什么要写到朱舜水？

答：鲁迅从东京出发到仙台去，特别提到了一处驿站，就是“日暮里”。这不禁让我想到自己第一次去日本的时候，看到“日暮里”这几个字时也是非常感慨的，我想这就是自己对中国文化的一种“乡愁”吧。唐人崔颢有诗云：日暮乡关何处是？烟波江上使人愁。这样一种文人的情绪，是深藏在中国文化记忆当中的。

至于“水户”，《藤野先生》这篇文章也说了这是朱舜水先生客死的地方。在清末知识分子的思想当中，一个重要的现象就是“排满革命”，他们把明朝的灭亡当作中国亡国的标志，所以他们是不承认腐朽的清政府的。朱舜水是明朝的遗民，他的事迹、他的这种遗址就非常引人注目，因此“水户”成为好多留学生凭吊的一个地方。

7. 作者以“大概是物以希为贵罢”开始写日本职员对我的关心帮助，表现了“我”怎样的情感？这和写藤野先生有什么关系？以“物以希为贵”来类比自己在仙台的待遇，把自己比成“物”，是否有自我嘲笑的意味？“一位先生却以为这客店也包办囚人的饭食，我住在那里不相宜，几次三番，几次三番地说。”这个细节是为了体现仙台的“优待”有一种对弱国国民居高临下的“同情”吗？这里包含着一个弱国国民的辛酸吗？这位劝说鲁迅从饭菜可口的客店搬走的先生是不是本身戴着“有色眼镜”，把“我”和囚犯联系在一起了？他就是藤野先生吗？为什么要在文章中隐去其姓名？为什么鲁迅在仙台的待遇要比在东京的待遇好得多？

答：“物以希为贵”当然包含着鲁迅的一点小小的幽默，这是他的一种表达方式。但是我觉得不必在解读中过分夸大其中涉及的民族差异，因为整篇《藤野先生》既说了在日本受到的伤害，包括来自日本同学的欺侮，也说到了日本老师藤野先生的友爱。所以说，民族和民族之间、国家和国家之间、人和人之间的情感是很丰富的，也是很复杂的，不能一概而论。

这位劝说鲁迅从饭菜可口的客店搬走的先生是藤野先生吗？现在没有关于这方面的信息。我想他也许是鲁迅的某位友人，也许是藤野先生。这个并不重要，重要的是当时作为留学生的鲁迅在日本经历了多种多样的人际关系的体验，既有温情的，也有不愉快的。人生的经验就存在于这多重的境遇当中，因而显得特别可贵。

8. 为什么专门强调仙台“还没有中国的学生”？

答：这是与整篇文章所描写的“我”的独特的遭遇联系在一起的，因为仙台还没有中国留学生，所以对于当地的日本同学来说，如何与中国留学生打交道也是一个新鲜的事情。他们对“我”的成见，包括误解或者欺侮，都与仙台还没有中国留学生有关系。当然，也有天性善良的老师特别关照“我”。人们在与他者交往的过程当中会表现出不同的人性、出现不同的反应，这就建构了全文的逻辑。当然，根据鲁迅研究者的考证，其实当时在仙台的还有一位鲁迅的同乡，但那位同乡的一些行为方式并不是鲁迅所认可的，所以鲁迅在描写的过程当中刻意地隐去了他的身份。我想我们应该以文学的逻辑来看待这篇文章，对“还没有中国的学生”的陈述作文学性的解读，不能完全把它当作客观的“鲁迅传记”史实。

9. “解剖学是两个教授分任的。最初是骨学。其时进来的是一个黑瘦的先生……”这一句是为了突出藤野先生是第一位给我上专业课的教师吗？作者用白描手法描写藤野先生的出场，有什么妙处？

答：藤野先生的出场特别引人注目，“最初是骨学”，这样就在分任解剖学的两个教授当中把他凸显出来了。藤野先生是鲁迅前往日本留学之后接触的第一位专业老师，按照正常人的心理应该会特意仔细观察他，这就为后来进一步描写他和鲁迅的特别交往埋下了伏笔。

10. 描述藤野先生“讲述解剖学在日本发达的历史”时，为什么还写到“还有翻刻中国译本的，他们的翻译和研究新的医学，并不比中国早”？这对刻画藤野先生有什么作用？

答：鲁迅特别写到日本解剖学的发展历史，说有几本书是线装的，“还有翻刻中国译本的，他们的翻译和研究新的医学，并不比中国早”。我觉得这句有意无意的插话是耐人寻味的，中国文化也曾有敢于面对世界、敢于开放的勇气，比如我们的盛唐时代，是向全世界开放的，但是，晚清的中国反而一步步地落后了。这样一个历史现象其实正是促使鲁迅反思我们自己的文化传统的一个重要原因，所以这一句话是思想成熟以后的鲁迅特意加上的。

更重要的是，这样一个解剖学的事实由藤野先生自己说出来，说明他重视中国文化、对中国怀着一份非常友好的感情，这就与他关心鲁迅这个中国留学生的行为相互呼应了。

11.“带领结”这个小细节刻画了藤野先生怎样的形象？除此之外还反映了当时日本学校的什么制度或风气？

答：“带领结”这个小细节说明藤野先生生活得相对随意，衣着打扮不拘小节。这与日本人一贯循规蹈矩的生活习惯以及当时日本的社会风气对比鲜明，所以在某种意义上说明藤野先生属于“非典型”的日本人，当时并不很为日本社会所认可和接纳。文章写到上学年不及格的留级学生对藤野先生的自我介绍报以嘲弄，这也说明藤野先生在当时的日本社会环境里边并没有得到公正的对待。通过日本学者的考察，我们也知道了更多的细节：藤野先生在仙台医专并没有很高的地位，后来被迫离开这所学校，回到乡下行医去了。

12. 在众多学生中，为何藤野先生唯独对鲁迅格外关怀？藤野先生所做的只是一些平常的事，为什么对“我”产生那么大的影响、让“我”印象深刻？

答：结合全文的表意，我们可以知道，藤野先生对鲁迅格外关怀与他对中国文化、中国历史本身抱有很深的尊重之心有关。在谈到日本解剖学的发展时，藤野先生特意说到日本对新的医学的翻译和研究并不比中国早，话里话外都能看出他对中国文化的尊敬。同时，他对一位留学生的照顾出自他善良的心地。

按照这篇散文所描写的，藤野先生对“我”的关照都是一些平常的事情。这些在日常交流当中流露出的很质朴的关怀看起来都不是什么惊人的举动，但在那种非常琐碎的细节当中恰恰见真情。尤其是对于初到日本、因弱国国民的身份而备受屈辱的留学生而言，藤野先生的这种关怀就显得特别珍贵，这是鲁迅对他心存感念的一个重要原因。

13. “我拿下来打开看时，很吃了一惊，同时也感到一种不安和感激。”“不安”和“感激”两个词可以互换位置吗？

答：“不安”和“感激”两个词是不能互换位置的，

因为这里“不安”是前提，有了“不安”才心生愧意，所以更加感谢藤野先生。这是一个思想和情感的递进和发展的关系。

14. 为什么在写藤野先生帮“我”订正笔记时，还要写“我”的“任性”和“不服气”？

答：藤野先生帮“我”订正笔记的时候，“我”表现出“任性”和“不服气”，这是一个青年学生的正常心理。我想，鲁迅写这个也是为了衬托藤野先生的严谨和对科学知识求真务实的态度。到“我”走出学生时代、进入成人生活的时候，当“我”在思想上逐渐成熟起来以后，就会为藤野先生当年的这份严苛而肃然起敬。

15. 为什么藤野先生担心“我”不肯解剖尸体？

答：其实文中已经说得很明白了，藤野先生说：“我因为听说中国人是很敬重鬼的，所以很担心，怕你不肯解剖尸体。”这句话里是藤野先生出于对中国传统文化的一种认知而产生的担心。当然，这种担心的背后也体现了他对中国文化和中国人的信仰的一种尊重，还体现了他对“我”的一种关怀。

16. 了解中国女人裹脚有什么作用？为什么这“使我很为难”？

答：藤野先生想了解中国女人裹脚的问题，我想这同样是出于他对中国文化的好奇，当然也不乏作为一个医生对人的身体状况的关心。这说明了藤野先生心地的善良。

“我”对藤野先生的这份好奇心感到很为难，因为当时作为留学生的“我”已经具有了一些现代文明的基本观念，知道裹脚对人的伤害是很明显的。同时，作为一个中国人，“我”不愿意过多地谈及自己国家和民族的不够文明之处。但是自己的老师又是非常真诚的，并无恶意，所以“我”左右为难。

17. “但他们一走，邮差就送到一封很厚的信”，是不是突出信是早就写好了的？

答：这当然可以证明对鲁迅怀有成见的那些同学早就作好了准备，准备了各种材料来攻击他。而这样的攻击仅仅是基于他们内心的偏见，与实际的证据毫无关系，所以无须调查。不管当事人如何澄清事实的真相，这些攻击诽谤言辞都会按部就班地准时到达。

18. “秋初再回学校，成绩早已发表了，同学一百余人之中，我在中间，不过是没有落第。”鲁迅的实际考试成绩究竟是怎样的情况？

答：鲁迅当时在仙台医专的考试成绩是：解剖学

59.3 分，组织学 72.7 分，生理学 63.3 分，伦理学 83 分，德语 60 分，物理学 60 分，化学 60 分。如果放在今天的大学考试惯例当中，这个成绩似乎并不算好，但是在当时的仙台医专却并不是一个很差的成绩。全班同学 142 人，鲁迅的成绩位列第 68 名，这就是鲁迅在文章里说的“我在中间，不过是没有落第”。因为医学在当时是很难的，它对学业的要求比较严苛，所以鲁迅取得这样一个成绩已经非常不容易了。有的学者以今天一般学校教育的分数标准来看待鲁迅的成绩，得出的结论是鲁迅成绩很不好，认为这是他离开仙台医专的一个重要原因。其实回到当时的历史事实，我们就会发现这种判断并不是很准确。

19. 为什么帮鲁迅找住处的日本人对他那么客气、优待，而鲁迅的日本同学却对他如此刻薄、歧视？为什么日本人对中国留学生普遍不友善，而藤野先生对鲁迅的态度却很友好？藤野先生为什么没有狭隘的民族主义情结呢？

答：这样一种境遇的反差，其实在任何一个国家、任何一个民族和任何一个时代都是可能存在的。我觉得这是因为人都有个体的差异性，所以我们对人的看法在任何时候都要避免流于简单的分类，都要回到具体的情形当中来加以分析。从类出发、从群体出发、从集团出发，对人的概括往往都是充满偏见的，也多有误解。当然我们也可以说，藤野先生没有狭隘的民族主义情结是因为他有着更广阔的文化胸襟，特别是对中国文化一直有自己的情感、充满了热爱。

20. 该怎样理解匿名信中引用的《新约》上的句子？“日本报纸上很斥责他的不逊，爱国青年也愤然”中的“爱国青年”是否具有讽刺意味？

答：所谓的“爱国青年”引用当时他们不以为然的托尔斯泰的话也就是《新约》上的句子“你改悔罢”来批评鲁迅，这说明他们对当时的时政也就是日俄战争是比较关心的，他们的思维也是跟战争中的民族主义情绪紧密联系在一起的。所以所谓“爱国”在鲁迅的笔下也就具有了特殊的含义，在这里更带有一种民粹主义的意味。

21. “中国是弱国，所以中国人当然是低能儿，分数在六十分以上，便不是自己的能力了：也无怪他们疑惑。”对这句话应怎样理解？又应怎样理解匿名信事件中“当然”“也无怪他们疑惑”和看电影事件中“呜呼，无法可想”等词句中的情感？

答：鲁迅这一番描述实际上是非常沉痛的，他想表达的是，这样一种歧视中国人的逻辑已经被很多日本人看作理所当然的。正因为这种偏见已经有了它形成的原因，所以说一时之间很难消除，这就是让“我”这样的中国留学生感到特别压抑和愤懑的一个重要理由，也是促使鲁迅弃医从文、重新寻找自己人生道路的一个非常重要的原因。

22. 该怎样理解“他们也何尝不酒醉似的喝采”中“何尝不”体现的情感？

答：“何尝不”是一个很强烈的语气词，前面所写的是鲁迅的日本同学们面对“日本战胜俄国的情形”时发出了这种喝彩，这在某种意义上是日本民族主义的表现。但是鲁迅在这里特别说了，当他回到中国来看自己的同胞，也发现了类似的情形。“我看见那些闲看枪毙犯人的人们，他们也何尝不酒醉似的喝采”，这里同样体现出一种令人忧虑的情绪。受民粹主义挟持的日本的普通老百姓在日俄战争当中体现出的这种陶醉，同样体现在中国人对自己同胞的态度上。鲁迅在日本受到的刺激和在中国的那种被民粹主义伤害的情绪和心理是一模一样的，所以他说“无法可想”，表明了现实的沉重性。我觉得这也是鲁迅弃医从文的一个重要的心理基础。

23. “在讲堂里的还有一个我”是什么意思？该怎么理解？这究竟是指看影片的“我”还是指被观看的“我”？听着、看着日本学生拍掌欢呼“万岁”时，“我”该是怎样一种心情？

答：这个“我”指的是同样在看影片的“我”。鲁迅发现当一个生命被杀的时候，同胞却是旁观者的姿态，对生命的死亡缺乏起码的情感共鸣。而“我”在这样一种特殊情景下也不能做什么，所以本质上也是这些看客当中的一员。在这里，鲁迅把自己也放在了反思国民性的对象当中。

24. 匿名信事件和看电影事件各自想侧重表现什么？没有直接写藤野先生是否有跑题之嫌？

答：我觉得，匿名信事件体现了私人生活当中人与人的隔膜与相互伤害，看电影事件则体现了族群生活当中人与人的隔膜与相互伤害。它们的共同特点是都指向人性，指向现代社会中人和人如何相处的问题。当然这个背后是关于人的基本理念的问题，这一点恰恰是使鲁迅弃医从文的重要背景。所以说它们各自的侧重点不同，但是综合起来看又有一个共同的指向。虽然这里没有直接写到藤野先生，但藤野先生其实刚好形成了与这样一种人性的鲜明对比。他是一个日本人，但是却对中国怀有比较真诚的感情；他是一个生活境况并不十分优越的教师，但是却真诚地关心一个来自弱小国度的学生。这里体现出来的真诚的人际关系成为鲁迅反思人性、改良人性的重要样板，所以说并没有跑题。

25. 鲁迅在文中为什么没有写到同在仙台的同乡施霖？鲁迅和这位同乡的关系如何？

答：施霖是鲁迅的同乡，浙江仁和人，1902 年官费留日，跟鲁迅一样，也是先进了弘文学院。他于 1903 年进入正则学校学习，1904 年转学到仙台第二高等学校二部工科二年级学习，专业是工兵火药。他是进入仙台第二高等学校的第一名中国留学生，和鲁迅差不多同时到仙台。他们两个人曾经住在同一个地方，还有一张合影。当时仙台的报纸上还先后报道过施霖和鲁迅于仙台入学的消息。鲁迅在《藤野先生》中没有提到施霖，在其他地方也没有提到过，也许是因为他们的友情后来逐渐淡薄了。既然没有提到，我们就很难作出一个准确的判断。我想说的是，就目前学界的推测，这可能与鲁迅的人生理想有关。他的这位同乡的学习成绩并不好，在入学的第二年没有能够通过二年级升班考试，就留级了。又过了一年，施霖的考试成绩仍不能升班，所以他的名字就从学校的名册上消失了。这可能不符合鲁迅对当时留日学生学业的理想看法。不过，像上文说过的那样，我们不能简单地把《朝花夕拾》中的文章看作鲁迅的自传，他也不必在每一个细节上都严格根据自己真实的生活来描写。《藤野先生》是文学创作，是一篇散文，鲁迅完全可以根据自己的文学表达主题的需要进行材料的剪裁，我觉得这都是符合文学创作的逻辑的。

26. 本文题目是《藤野先生》，但有一半以上的篇幅并不是写藤野的，或者说不是直接写藤野的。这种材料的安排方式是不是偏离中心？既然写“我”所占的篇幅比藤野先生还多，为什么要以《藤野先生》为题呢？

答：我们一定要区分一篇文章的题材和它的主题，这篇文章名为《藤野先生》，准确地说它是一个题材，但却不是主题。主题是什么呢？是鲁迅在描述自己留日时期的思想情感的重要变化，是他如何走上弃医从文的道路。这样一来，藤野先生这个人物以及围绕他的种种叙述都是为了表达这个主题而产生的，所以说只要符合主题的需要就是合理的。藤野先生这个人物的篇幅多少是服从于主题需要的，文中写藤野的宽厚仁爱，他身上所体现的品质符合鲁迅关于人性的理想部分。一篇文章最重要的是如何表达自己的思想感情和主题需要，而不是中间某一类题材所占篇幅的大小，这是文学创作的一个基本原则。

27. 和藤野先生告别时，文中写到“他的脸色仿佛有些悲哀，似乎想说话，但竟没有说”“有些凄然”，究竟是想表达什么？“我”“便说了一个慰安他的谎话”，藤野先生会相信吗？

答：鲁迅临别的时候，说自己要去学生物学。藤野先生是一个认真的人，他特意说：“为医学而教的解剖学之类，怕于生物学也没有什么大帮助。”他感到特别惋惜。鲁迅为了安慰自己的老师而说了这一番善意的谎话，但是藤野先生仍然从学术的角度、学科教育的角度来分析现在的医学基础对学生未来的理想有什么价值。这说明他是一个非常真诚的老师，这一句话是他带给鲁迅的最后的感动。至于他是否相信，我觉得并不重要，重要的是他在告别前的最后一刻还在真诚地替自己学生的未来打算。

28. “我离开仙台之后，就多年没有照过相，又因为状况也无聊，说起来无非使他失望，便连信也怕敢写了。”这里的“无聊”和我们现在经常说的“无聊”内涵并不一致，当时鲁迅究竟是怎样的一种状况呢？为何在交通便利后，作者没有再与藤野先生联系呢？

答：“无聊”在通常的情况下指的是精神空虚，鲁迅这里用“无聊”来描绘自己结束留学以后一段时间的遭遇，指的是他没有找到符合自己人生理想的一段生活状态。

鲁迅后来没有与自己的老师联系，很大程度上是因为人生的动荡、奔波和疲惫使得过去的某一段经历处于一个近似“封存”的状态。这既体现了对过去某些理想的一种珍惜，也是对现实生活的一种无奈。所以说，没有联系不等于鲁迅不尊重、不怀念自己的老师。事实恰恰相反，鲁迅后来还多次打听藤野先生的情况，直到去世。藤野先生知道自己当年的学生还多次打听自己的情况时非常感动，专门写过一篇文章来怀念鲁迅。

29. 为什么作者说藤野先生是“最使我感激，给我鼓励的一个”呢？藤野先生似乎只是帮鲁迅改了一些课堂笔记而已，为什么他会成为鲁迅一生中最感激的老师？

答：归根结底，我觉得是因为藤野先生的出现使鲁迅在自己人生观遭到冲击和挑战的年代感受到一种人性的温暖，目睹了现代人生的一种境界。虽然这种境界对于一个看似普通的教师来说可能只是不经意的流露，但是对于一个正在人生转折关头苦苦探寻的青年学生来说却特别宝贵，启示他去实现新的人生理想。所以鲁迅时时地记起他，特别地感激他。

30. 关爱学生、治学严谨、科学求真，这些不应该是合格教师必备的品格吗？我们可以称这样的教师为“好老师”或“优秀教师”，但称其“伟大”难免有拔高之嫌，因为“伟大”有“十分崇高卓越”之意。鲁迅何以用“伟大”这样的字眼评价藤野先生？为什么说“他的性格，在我的眼里和心里是伟大的”？

答：关爱学生、治学严谨、科学求真是合格教师的基本条件，但鲁迅称藤野先生“伟大”，就是因为他的这些品质不仅是教学态度的体现，而且是历史转折时期人性的体现。如果我们考虑到中国当时的社会正处于从封建向现代转换的过渡当中，藤野先生就是在这样一个历史转折时期呈现出让人敬佩的人性，他的伟大是人性的伟大。鲁迅显然把自己的人生理想投射到了藤野先生身上，从中看到了自己所希望的理想的光芒。所以说，藤野先生这个个体的伟大包含了鲁迅所建构起来的理想的伟大。

31. “每当夜间疲倦，正想偷懒时，仰面在灯光中瞥见他黑瘦的面貌，似乎正要说出抑扬顿挫的话来，便使我忽又良心发现，而且增加勇气了，于是点上一枝烟，再继续写些为‘正人君子’之流所深恶痛疾的文字。”对句中的“良心发现”“增加勇气”特别是“正人君子”等该怎样理解？回国后“我”以笔为斗争武器，为什么藤野先生还能给“我”以鼓舞？

答：鲁迅在现实生活当中经常用“正人君子”来讽刺那些掌握着“公理”和道德制高点、冠冕堂皇但其实对人相当冷漠、对现代中国的发展不负责任的人们，这种“正人君子”的出现恰恰与藤野先生看似平凡却在精神深处充满人性光辉的人格形成了鲜明的对比。

为什么鲁迅要特别说到“良心发现”呢？因为我们所处的这个世界是一个被污染了的世界，用鲁迅的话来说就是一个生活的大酱缸，随时可能把我们的理想吞没。正是因为想到了藤野先生这种普通人身上保存着人性的善良，才使我们不甘于屈服、不甘于被肮脏的环境吞没，不断地自我警醒，这就是所谓“良心发现”。

32. 《藤野先生》主要表现藤野先生的伟大精神和品质，为什么又写了那么多在见藤野先生之前的事情？

答：表现藤野先生的伟大品质，恰恰是与鲁迅在见到藤野之前的人生经历紧密相关的。就像这篇文章开头所说，去仙台是因为对东京的失望，远离那些留学生同胞是因为要寻找一个别样的人生。藤野先生就是在这样一个非主流的教育环境当中出现在“我”面前的，所以如果没有前面的铺垫和衬托，我们就难以感受藤野先生这种特殊的精神魅力。

33. 这篇文章的语言很有特点：在写自己的生存境遇时，用的是调侃的语气；在写藤野先生时，用笔就严正、庄重。该怎样体味和鉴赏这两种叙述语调交替使用的魅力呢？

答： 两种叙述语调交替使用，恰恰呈现了人生的丰富性。写自己的生存境遇常常用调侃的语气，这折射出了现实的尴尬和自己的无奈；写藤野先生的时候用笔严正、庄重，这体现了作者发自内心的仰视和尊重。

34. 普通虚词如“无非”“实在”“大概”“居然”“何尝”“似乎”等，怎么到了鲁迅先生的笔下就有独特的表情达意效果呢？

答： 鲁迅是特别善于运用虚词的，所有的虚词在鲁迅笔下都有一个共同特点，就是充满感情色彩。他不是纯粹地为了句子之间的连接关系、表意关系在使用这些虚词，每一个虚词的背后都能看到鲁迅先生对人生时时的回顾、反思。所以这些词给我们展示的是一个充满反思精神的、情感跌宕起伏的鲁迅，他的情感沉郁顿挫，在一个最精简的表达当中往往凝聚了非常丰富的人生体验，甚至是极具张力的思想内涵。

35. 鲁迅先生是在怎样的苦闷彷徨中想起了这位异国的恩师？该怎样理解和把握作者对恩师藤野先生的情感？

答：鲁迅的苦闷彷徨都来自他对现代中国的思考，可以说正是这种思考让他想到了自己的恩师藤野先生。藤野先生是黑暗中的一束光，是鲁迅在压抑沉闷的人生当中寻找到的精神之光，是他自我勉励的力量。

《范爱农》答问

1. “在东京的客店里，我们大抵一起来就看报。”为什么这样开头？为什么称“我们”？这样开头究竟想交代什么信息？

答：必须把范爱农的故事放在当时鲁迅所处的那些留学生群体的故事当中，才能看得清楚它的意义，也才能看得清楚范爱农独特的个性和他为人处世的风格，特别是他最后的悲剧。所以说，从一个留学生的角度来看这位同学，是鲁迅描写范爱农的一个主要着眼点。在这里，作家使用了一个复数名词“我们”，“我们”就是指当时在日本的这些留学生们。这样的开头让大家在一个更广阔的留学文化背景下来认识这些人、认识范爱农，以及“我们”当时的基本人生态度和性格特点。

2. 从电报上看到恩铭被刺杀，“大家一怔之后，便容光焕发地互相告语”，大家“怔”什么？然后为什么又“容光焕发”？

答：大家“怔”的就是在当时严酷的高压统治之下，恩铭这样一个朝廷大员被刺杀。实际上，这并不是意料之中的事情。为什么又“容光焕发”？一个专制的官员被刺杀，证明了革命者的勇气和正在行动的事实，这个事实本身当然是让人感到很振奋的。虽然有点出乎意料，但正因为出乎意料，所以就越发让人喜出望外。这就是“容光焕发”的来源。

3. “但只要是绍兴人，又不专看教科书的，却早已明白了。”“专看教科书”是指不关心时事吗？为什么这么说？这与看不看教科书有什么关系？这句话是否在讽刺当时的读书人迂腐，只会傻读教科书，连国家大事都不知道？

答：当时的留日学生活动经常是以同乡会的形式进行，同乡会是他们的一个重要社交平台，很多信息都是通过同乡之间相互传递。徐锡麟就是浙江绍兴人，他作为一个革命者刺杀恩铭的事情当然立刻就引起了留学生中的绍兴同乡的关注。“只要是绍兴人，又不专看教科书的”，这里的关键在“专看”两个字，意思是说只为眼前的学习所束缚，不关心时事。当然，这是在讽刺读书人的迂腐。

4. “大家接着就预测他将被极刑，家族将被连累”，此句中的“大家”为什么在自己的烈士同胞被黑暗政府抓住后会预测这些事，甚至去谈论他的家族的存亡？这些人是否真的为他的死悲伤？

答：徐锡麟这样“冒天下之大不韪”，敢于行刺清朝的官吏，被抓获了。至于他的结局是怎样的，每个人都知道，按照《大清律例》，他要被处以极刑，而且要株连家族。所以他自然就会成为大家谈论的对象。至于这些人是否真的为他的死悲伤，这不是这篇文章要交代的内容。鲁迅只是写了这么一个事实：至少徐锡麟的行为是引起了大家的关注的。

这句话主要是说明，当时徐锡麟的这种革命行为及其遭遇在留学生群体当中引起了比较大的关注。

5. “被挖了心，给恩铭的亲兵炒食净尽”，亲兵指什么人？他们为什么要吃人的心脏？

答：亲兵是指随身的卫兵。徐锡麟被恩铭的卫兵以极其残酷的方式挖心剖肝而死，这是酷刑。清末实行新政，按照修订的法律，凌迟、枭首等刑罚已经被废除了，但徐锡麟还遭到了这样的酷刑，可见恩铭的这些卫兵对他的仇恨。这是一种肆意的报复，我觉得从中可以看出专制统治者对挑战他们权力的革命者的仇恨和恐惧，他们以这样的方式来恐吓那些试图造反、起来革命的人。

6. “人心很愤怒。”人心愤怒什么？为什么是“人心很愤怒”而不是人很愤怒？为何该句五个字单列成句？

答：“人心很愤怒”，这是一种特殊的鲁迅式句子，它本身包含着对人性的深刻观察。如果他说“人很愤怒”，那这个“人”的愤怒已经表现为思想行动了。“人心很愤怒”侧重“内心”，这表明徐锡麟事件在当时的留学生当中激起了很大的情绪反应。实际上鲁迅在这里特别用“人心”这个词区别了人的行为，也把“愤怒”确定为此时此刻人的一种心理反应，而不是长久保持的一种思想意识的愤怒。这意味着什么呢？革命者的这样一种英勇行为给这些留学生的影响到底是深刻的还是肤浅的、是长久的还是暂时的？的确值得怀疑，也需要观察。当然，从全文来看，鲁迅对中国的国民性是很失望的。所以说，留学生们的愤怒可能也是暂时的，人心的愤怒也未必能延续很长时间并转化为一种为愤怒而战斗的力量。那么，其中的真实性和局限性都值得我们反省。

7. 接烈士家属为什么用得着日本浪人？他们可靠吗？其中透漏了一些什么样的时代背景知识？应如何引导学生正确认识这一事件？

答：日本浪人指的是日本幕府时代失去俸禄、四处流浪的武士，他们通常没有固定的职业，不时受雇于人，从事各种好勇斗狠的活动。这是我们对其在一般意义上的理解。这个时候，因为徐锡麟在国内刺杀清政府大员，成了清朝的敌人，他的家属也处于危险当中，所以留日学生要找人帮助他们，那就很自然地想到了受雇于人的职业卫士——日本浪人。当然，在这里我觉得作者主要是想突出清政府对革命者的镇压无所不及，它的力量已经抵达日本，让在这个地方与革命活动有所牵连的留学生也心存忌惮，不得不采取一些自我防卫的措施。

8. “撕乌贼鱼下酒，慷慨一通”是什么意思？

答：“撕乌贼鱼下酒，慷慨一通”与前面我们分析的这些句子是相互连通的，就是说“人心很愤怒”，于是“撕乌贼鱼下酒”，慷慨激昂。这都是在表现此时此刻由义愤、正义感而激发的反应，问题是这种慷慨、这种为正义而战斗的意志能持续多久呢？这也是鲁迅对国民性作出的一个观察。

9. “照例还有一个同乡会”，为什么说“照例”？照什么例？

答：“照例”指的是当时这些还处于爱国理想当中的留学生，通常对国内的革命活动从道义上予以支持。自己的同乡英雄为国捐躯了，他们当然要有所表示，于是开会来追悼烈士，抨击清政府的腐朽统治。这说明在当时的留学生当中，这种革命的思想还是具有较大的影响的。

鲁迅用了“照例”这个词，也带有另外一番隐晦的含义，就是说所有这些行为都是出于一种不成文的规矩、一种习惯，那么反过来，其在多大的意义上是发自内心的真诚表达呢？这个词也表明鲁迅已经在重新审视这一段经历了，成熟以后的他开始了对历史的反思，对当时参与革命者的复杂性也有了进一步的认识。

10. “钝滞的声音”是怎样的声音？表明了范爱农此时怎样的心理活动？“钝滞”这个词令人费解，但用别的词似乎又显不出范爱农的神采，该怎样理解这种描写呢？

答：“钝”字有两个意思，一是迟钝呆板，二是停滞缓慢。我想这里主要是指停滞缓慢，就是说范爱农说话的声音显得比较迟缓，用“钝”字来描述他的声音形态。这是一种什么样的感觉呢？我想这可能与人的性格、说话方式有密切的关系。

通常，一个人如果做事很灵活、很机敏，那他说话的节奏往往就比较快，这是他能随机应变的一个反映。相反，如果一个人对一些事情有他自己的比较稳定的看法——当然从另外一个方面讲，这个人也可能显得比较固执，不容易接受别人的意见——那他说话可能就相对缓慢，比较迟钝。因为他认为自己的意见有一种正确性，不容置疑。表现出来的姿态可能就是不慌不忙，或者比较迟滞。我觉得鲁迅通过这样一个声音的细节给我们传递了他对范爱农的第一印象：这个人有他固执的一面，也有他自己的观点，对自己的意见比较确信。

11. “杀的杀掉了，死的死掉了，还发什么屁电报呢。”范爱农的这句话是针对电报还是针对鲁迅？在发电报悼念老师这件事上表现如此冷淡，范爱农对老师到底有怎样的感情？他为什么不愿发电报？仅仅是因为讨厌鲁迅吗？

答：这句话既针对发电报这一主张，也针对同意发电报的鲁迅。当然，我觉得首先针对的还是这种主张。范爱农在发电报悼念老师这件事上表现如此冷淡，这并不是说他绝情忘义。我觉得范爱农是出于对现实中国的失望，认为这个时候单纯用电报来表达情绪是于事无补的。所以他说“杀的杀掉了，死的死掉了”，意思是革命者的目标已经达到了，革命者的牺牲也没有办法挽回了，纯粹靠发电报来发泄不满或者表示哀悼都已经失去意义了。结合下文对范爱农的性格的描写——按照鲁迅后来的说法，他是一个富于实干精神的人，“他办事，兼教书，实在勤快得可以”——这就是范爱农的特点，他是一个务实不务虚的人，他把这种单纯的情绪宣泄看作没有实际意义的务虚行为。范爱农反对的对象包括鲁迅，但不是仅仅针对鲁迅一个人。

12. “眼球白多黑少”“看人总像在渺视”给人印象深刻，该怎样鉴赏范爱农非常别致的出场？在描写范爱农的外貌时，全文多次提到“眼球白多黑少”，有什么意图？“他蹲在席子上”，想表明什么？为什么不写成坐在席子上？难道是因为他长得高，所以就蹲着吗？该怎样理解“我”对范爱农“奇怪”“那么冷”的第一印象？

答：“眼球白多黑少”就是我们通常说的三白眼或者四白眼，一般认为这种面相的人比较孤冷无情或者说刻薄寡义。当然在这个地方，我觉得鲁迅只是要勾勒出范爱农给人的第一印象——他与众不同，好像有点不通情理，感情流露、行为方式都与正常人有差异。接着鲁迅就用一个事例证明了这个第一印象：他是徐锡麟的学生，却反对拍电报泄愤，在常人眼中就是不近人情的。这样，人的外貌描写和内在性格就能够相互印证，表明了鲁迅对人物的观察的入木三分。

“蹲”和“坐”是两种不同的姿态。“坐”是很放松的，或者说是休闲的；“蹲”则是一种相对紧张的姿态，仿佛时刻有行动的准备。这段文字描写的原本是一个很严肃的场合，大家在讨论如何对待一个为革命而牺牲的英雄。“蹲”是徐锡麟的学生范爱农的表现，表明他有自己的思想，随时有所准备、行动。但是他的举止与常人又不一样，别人都是或坐或立，只有他既不坐也不立，偏偏是蹲着的。这个“蹲”字很生动地体现出了他与众不同的性格。

13. “他屈服了。”个性倔强的范爱农为什么不再坚持自己的意见了？为什么将这四个字单列成句？

答：我觉得这有两层含义：第一，说明范爱农归根结底对老师是有感情的，并不是对老师之死不闻不问，他也是尊重大家的意见的，并没有完全固执己见。第二，他究竟是“屈服了”而不是心悦诚服了，这就说明他在内心深处还是保留了自己的固有看法。

鲁迅将这四个字单列成句，是为了刻意突出范爱农与众不同的思想。

14. “我非常愤怒了，觉得他简直不是人，……于是便坚执地主张要发电，同他争起来”“我觉得他的话又在针对我，……但我便主张这一篇悲壮的文章必须深知烈士生平的人做，……于是又争起来。结果是他不做，我也不做”，这是不是写“我”和范爱农在怄气？为什么要写这些内容？

答： 我觉得鲁迅的这一段描写非常具有文学性，也非常真切，写出了“我”与范爱农的思想观念差异：“我”还是很看重这种情感表达方式的，而范爱农却是一个务实不务虚的人，他反对进行这种没有实际效果的情感宣泄活动，因此跟“我”发生了激烈的冲突。这一段描写得很生动，体现了“我”与范爱农在人情世故面前的差别。这为我们后面更加全面地认识范爱农的独特性格打下了基础，当然也为“我”后来与范爱农从误解到相知的转折奠定了基础。

15. “从此我总觉得这范爱农离奇，而且很可恶。天下可恶的人，当初以为是满人，这时才知道还在其次；第一倒是范爱农。中国不革命则已，要革命，首先就必须将范爱农除去。”范爱农是不支持发电报，但这也并非十恶不赦之事，是什么使“我”如此激动而产生这样的心理活动？把范爱农称为天下第一可恶之人，这是否违背文中范爱农的形象？

答： 这些显然都是文学性的描写。文学性的描写不仅要表现理性的判断，也要描绘情绪的起伏。这些语言生动地描写了鲁迅在当时的情境之下如何与范爱农产生冲突、如何出于情绪性的反应而得出了“可恶”“天下可恶的人”的偏激结论，这当然不是对范爱农的理性的定义。

16. “哦哦，你是鲁迅!”“革命的前一年”是1910年，而“鲁迅”是作者1918年发表《狂人日记》时才第一次使用的笔名，为何范爱农会提前八年脱口叫出来?该怎样理解这种现象?

答：1910年的范爱农当然不可能知道八年以后鲁迅发表《狂人日记》时使用的笔名，但是就像我在分析《朝花夕拾》其他文章时所说的，尽管《朝花夕拾》的大部分内容基于现实中的人物回忆和围绕他们的故事而展开，但是它究竟是文学作品，允许有一定的虚构、想象和渲染。

在这里，鲁迅用自己的笔名来描述范爱农对自己的称呼，当然带有一定的渲染和修饰成分，不能当作范爱农1910年见到他时说的话。

17. “不知怎地我们便都笑了起来，是互相的嘲笑和悲哀。”他们互相“嘲笑”和“悲哀”什么?为什么两人再次见面时会有这样的表现?这样写的目的是什么?

答：“嘲笑”和“悲哀”在这里是非常生动且贴切的。“嘲笑”证明两个人的直率，他们保留了自己的个性，见面时并不掩饰各自的不同，也说明他们并非现实利益的争夺者，只存在性格上的差异和分歧。“悲哀”则有更深刻的含义，说明他们彼此都能超越各自的性格差异，向对方的人生和命运投以深切的同情，这是他们能够相知相通的重要基础。这在很大的程度上源于他们都是有理想的青年，都是曾经为中国的革命事业奋斗过的留学生。所以从根本性的理想追求上看，他们是相通的。

18. “很旧的布马褂，破布鞋，显得很寒素”，这是作者第一次写范爱农的穿着，为什么这样描写？

答：这说明现实当中的范爱农并不是一个成功者，他的留学经历与种种求索并没有使他的生活有多少改善，这是一个人生的失意者。

19. 范爱农回故乡后没有受到接纳、尊重，反而“受着轻蔑，排斥，迫害，几乎无地可容”，这究竟是怎样的一种境遇？为什么会这样？他为什么“躲在乡下”？又为什么“有时觉得很气闷”？是因为在乡下吗？

答：这说明现实当中的范爱农是一个不合潮流的人，他并没有能够享受到辛亥革命的成果，也并没有成为这个时代的弄潮儿。所谓“躲在乡下”，实际上是自我放逐。“有时觉得很气闷”当然并不仅仅是在乡下觉得很气闷，更重要的可能是与整个变化着的时代格格不入，是因无法融入时代而内心郁闷。这是范爱农的个性的体现，也是他的理想在现实当中得不到实现的一个表现。

20. 为什么写范爱农“现在爱喝酒”？“我们醉后常谈些愚不可及的疯话，连母亲偶然听到了也发笑”，是什么样的疯话使母亲也笑？他们之间说的所谓疯话又是什么？

答：所谓酒不醉人人自醉，喝酒寻醉在某种意义上就是人的理想在现实当中不能得到实现时的逃避方式，是一个自我解脱的办法。“疯”有特殊的含义，在鲁迅的笔下，在这个不尽如人意的现实当中还能够保持自己理想的人往往被他人认为是“狂人”“疯子”。

母亲是一个沉入世俗人生的平凡的人，她并不能够理解自己的儿子。对于一个曾经对民族、国家、社会充满理想的留过学的青年，有过怎样的理想，母亲并不知晓，也并不理解。所以从世俗的逻辑来看，这些关于理想的“疯话”也许让她感觉可笑。

21. “你还不知道？我一向就讨厌你的，——不但我，我们。”该怎样理解这句话？

答： 范爱农能说出这句话来，恰恰证明了他的坦率和真诚。在这个时候，他并不想隐瞒自己的观点来讨好或迁就鲁迅，所以他直截了当地说出了当年与鲁迅之间的分歧。他还特别说“不但我，我们”，这个“我们”当然就是指当年鲁迅在日本港口所接待的同乡们。周围的人可能对这样一个先期到达日本留学的学长的态度特别敏感，他们因为这种特别的敏感而对鲁迅产生过误解。

22. 接同学时“我”的两个不满、两次摇头是因为什么？为什么“我”的摇头代表看不起？同乡在国外应该相互帮助、相互关心，为什么“我”会对他们一行人的行为摇头，而不是耐心教导或诚恳指点呢？他们为什么特别注意这个摇头的细节，进而十分厌恶“我”？

答： 鲁迅两次摇头，一次是出于某种误解，另一次是出于对为人之道的批评。在这些刚刚到来的同学的衣箱中出现了一双绣花鞋，这让他对这些同学的心理状态产生了误解。其实这双绣花鞋属于徐锡麟的妻子，也就是他们的师母。此外，大家到了火车上还拘于礼节，相互让座，严守传统的尊卑秩序，这让已经具有现代意识的鲁迅很不以为然。当然，这是人与人初次见面时因为彼此之间的不了解而产生的误会。刚刚到日本的这批新同学却格外敏感，特别注意观察学长们对自己的微妙态度。鲁迅是一个真诚而直率的人，他毫不掩饰自己内心深处的看法，而这都被这些新到的同学看在眼中，因此彼此有了嫌隙，也有了一些误会。在这些新到的同学看来，鲁迅这个学长可能是从内心看不起他们。他们并没有意识到鲁迅不以为然的表情是出于怎样的人生态度和人生理想，而是敏感地把鲁迅的摇头当作对他们的轻视，所以与鲁迅有了嫌隙。

23. 鲁迅回想起自己当初的摇头时为什么感到惭愧？而且写到了陈伯平、马宗汉、“还有一两人”，为什么要写这些内容？

答：鲁迅是一个特别擅长自我反省的知识分子，多年后，当他回顾自己如何对待那些刚到日本、来自故乡的新同学时，深深地觉察到了自己当时的误解。这些同学之所以令他产生误解，各有原因，并非他所想象的那样低级趣味，也并非他们所表现出的那样拘泥于传统礼俗，而是有更复杂的生活背景。特别是在这些同学中，后来出现了一些为国家和民族牺牲的烈士，像陈伯平、马宗汉等，他们都是值得尊敬的人物。

想到这些，鲁迅为当年的鲁莽感到内疚，这表明他是一个非常真诚的人。这样一个人与另一个同样非常真诚的人(包括直率的范爱农)交往时必然会坦诚相见，这为他们之间后来的相知相识奠定了基础。

24．为什么“到东京就要假装大脚”?

答：我觉得关键不在于回答这个问题本身，因为文章已经说了，连范爱农也不知道答案。关于师母为什么要假装大脚，应该直接询问师母，重要的是鲁迅为什么要把当时的这个疑问写出来。我想，这更多地代表了鲁迅对近代中国人自卑心理的反省。根据当时中国的习俗，女性需要裹脚，但在国外却没有这样的偏好或陋习。一个刚刚接触现代文明的中国女性，可能出于掩饰自己裹脚的自卑心理，也会假装拥有大脚。这里体现出来的是一种文化差异，以及人在瞬间微妙的自我掩饰心理。在真诚坦率的鲁迅看来，这种掩饰是没有必要的；然而对于试图融入现代文明的中国女性而言，这种行为并非完全不可理解。鲁迅特意在文章中加入这个细节，与其说是简单地指责一个中国女性，不如说是借此展示自己性格中的直率和坦诚。

25．鲁迅通过得知与范爱农同行的有“在安徽战死的陈伯平烈士，被害的马宗汉烈士”等人而明白范爱农的人品，而范爱农的一个“我们”也向读者透露了自己的品性，即他和这些烈士一样是嫉恶如仇的。为什么不描述范爱农如何消除了对鲁迅的误会呢？

答：实际上，鲁迅确实描述了范爱农是如何消除对自己的误会的，并且他们最后因为这些误会又成了好朋友。鲁迅了解到，范爱农倔强直率的背后是他认真做事和真诚生活的态度。通过范爱农对鲁迅的好感，我们可以推断出，在他们的长期交往中，两人建立了深厚的友谊。

文章后面提到，范爱农后来经常说：“也许明天就收到一个电报，拆开来一看，是鲁迅来叫我的。”这句话深刻地反映了范爱农对鲁迅的高度信任，这种信任正是他们后来在交往中消除误会的结果。

26. 在提到范爱农喝酒讲笑话时，作者写道“忽然是武昌起义，接着是绍兴光复”，为什么用“忽然”一词？为什么特别强调“那笑容是从来没有见过的”？为什么那么爱喝酒的范爱农竟然主动说“我们今天不喝酒了”？

答：“忽然”两个字揭示了历史发展的偶然性。武昌起义和辛亥革命的成功都是在革命者已经深感绝望的艰难背景之下发生的，所以出乎大家的预料，这就是使用“忽然”这个词的原因。

“那笑容是从来没有见过的”，这说明像范爱农和“我”这样的人对于革命的到来由衷地感到高兴，甚至有些喜出望外。

至于为什么平时爱喝酒的范爱农竟然主动说“我们今天不喝酒了”，这是因为今天不再需要用酒精麻痹自己了，可以用行动来庆祝这个改天换地的大好的节日。

27. 两人过去互相争吵、不共戴天，几欲将对方除之而后快，为什么突然就冰释前嫌，成为无话不谈的好朋友了？

答： 两人之间的误会得以消除，是因为彼此有了更深的了解，容忍了对方倔强的个性，而且从对方身上看到了自己真实理想的反映。范爱农与鲁迅都是为理想而活的人，他们的分歧仅仅是因为性格的差异，因此自然能够冰释前嫌。

28. “我们便到街上去走了一通，满眼是白旗。然而貌虽如此，内骨子是依旧的”，为什么？

答： 满眼的白旗证明，革命只是表面的标记。实际上，尽管革命带来了翻天覆地的变化，但只是统治者和统治形式的改变，骨子里仍然保留了过去封建时代的不平等秩序，甚至有些掌权者还是过去那些专制的人物，历史并没有发生根本性的转变。因此，这也包含了对辛亥革命的不尽如人意之处的担忧和批判。

29. “几个少年一嚷”是指什么？

答：这里讲述的是绍兴在辛亥革命时期的历史。1911年11月5日，杭州光复的消息迅速传到了绍兴。在绍兴府中学堂任教的鲁迅与革命团体“越社”的领导人宋紫佩秘密商议光复绍兴的事宜，并与周建人一起带领进步师生上街游行，散发传单、发表演讲以宣传革命。然而，当时绍兴的革命力量相对弱小，新成立的绍兴政权很快又被保守势力所控制。

30. “在衙门里的人物，穿布衣来的，不上十天也大概换上皮袍子了，天气还并不冷。”这句话想表达什么？

答：说明新的革命党骨子里依然是专制官僚，利用新获得的权力为自己谋取利益。

31. “我被摆在师范学校校长的饭碗旁边”是什么意思？为什么用“摆”？

答：“摆”是被动的安排，“我”这个积极参与革命的人不过是掌权者手中的一枚棋子，这是革命的悲哀。

32. 范爱农之前很爱喝酒，在做监学后却不大喝酒了，而且变得非常勤快。什么使范爱农改变得很透彻？为什么他变得非常勤快了？

答：显然，一种革命的理想主义让范爱农走出了颓唐。他积极投身于新的革命事业，努力为革命而工作。

33. 能否介绍王金发及这篇文章涉及的历史背景？

答：王金发，浙江嵊县人。1900年加入反清帮会“乌带党”，被推为“龙头”(首领)，领导群众开展抗捐抗税、劫狱反官斗争。1905年随徐锡麟等人赴日本，与鲁迅相识。翌年夏回国，在秋瑾主持的大通学堂任体操教员，致力于培训会党骨干。徐锡麟、秋瑾在安徽、浙江同时起义，他被推为绍兴光复军分统。起义失败后，遭清廷通缉，改名子黎，潜居浙东山区，1911年参加上海、杭州光复诸役，组建绍兴军政分府并任都督。王金发是辛亥革命时期一个富有传奇色彩的人物，也是中国近代史上颇有争议的人物。鲁迅与王金发相识于日本、共事于家乡绍兴，彼此曾相互支持。但是，王金发督绍期间的一些腐败行径也招致了老友鲁迅不留情面的抨击。

34. 中间写了一大段关于办报骂人的事，有什么作用？报社的“少年们”凭什么既骂都督王金发又向他要钱？王金发为什么还会给他们钱？为什么要写“我”在绍兴当校长后卷入报馆案？

答：1912年1月3日，鲁迅、陈子英、孙德卿三人在家乡绍兴创办《越铎日报》。《越铎日报》是鲁迅起的名字，意为“报为遒铎，亦为警钟”。越铎，即绍兴人民给“公仆”敲响的警钟。鲁迅作为名誉总编辑，以“黄棘”的笔名题写了创刊词《〈越铎〉出世辞》，“纾自由之言议，尽个人之天权，促共和之进行，尺政治之得失，发社会之蒙覆，振勇毅之精神”。《越铎日报》的编辑主要是一批青年，初期的报纸办得尖锐泼辣，大胆抨击时弊。但是没过多久，《越铎日报》内部出现了问题，对军政府的监督转为恶骂，其一系列办报方式也与鲁迅发生了分歧，令鲁迅颇为失望。

35. 写母亲为“我”着急和“我”向母亲解释一段有什么用？“他就会面斥我太爱惜不值钱的生命，不肯为社会牺牲”，反映出当时社会上人们的什么特点？“我”为何会怕被别人面斥，在明天的报上看到“我怎样怕死发抖的记载”？“我”此时的心理与开同乡会时有何不同？鲁迅在前面拟电报时与在后面讨论收不收钱作股本时的行为为什么有所改变？“我就不再说下去了，这一点世故是早已知道的”，鲁迅为什么变得世故？

答： 这都是在陈述“革命第二天”的乱象。一方面，革命政府堕落腐败，现代民主政治的理想离我们很远，暴力对不同意见的恐吓属于常态。“我”的母亲不懂得现代民主，但是深知旧时代的生存原则，她的担心恰恰说明专制传统的阴影是中国人挥之不去的梦魇。另一方面，年青的一代也依然缺少新的操守和道德自律，甚至很快学会了利用现代媒体舆论来扭曲事实的手段。由此，鲁迅陷入双重失望之中。这里所谓的“世故”是反讽，指的是一种对自我道德操守的坚持，也指鲁迅还不愿意与年青的一代针锋相对，虽然彼此意见相左。但年青的一代却似乎越出了这个操守的底线——可以一边接受贿赂，一边自行其是。

36. 文章题目是《范爱农》，但报馆案风波占全文的很大篇幅，没怎么写到范爱农。这一事件与范爱农、与文章中心有什么关联？为何要在文章中加入这一事件？

答： 全文用很大的篇幅写“革命之后”这个世界的堕落和混乱，尤其是年青的一代的失序和丧失节操，这是最令鲁迅痛心的。因为长此以往，革命的意义和前景就十分渺茫了。与这样的现实比较，范爱农恰恰是一个“另类”。范爱农的固执、冷漠曾经让鲁迅不快，但是经过一系列的交往，鲁迅却最终发现他是一个真正怀揣着真诚的革命理想的人：他默默工作，不计得失，不务虚名，堪称同志。虽然许多段落没有提范爱农，却处处令人想到范爱农的为人和理想。

37. 鲁迅离开绍兴去南京任职，为什么范爱农赞成但又颇凄凉？“这里又是那样，住不得。你快去罢……。”“那样”是指哪样？“住不得”是什么意思？“我懂得他无声的话”，“无声”的潜台词到底是什么？表达出对当时社会怎样的看法？此时他的心理是怎样的？后面有没有对他“无声的话”内涵的具体描写？

答：范爱农赞成鲁迅去南京，是因为他也深知绍兴此时此刻带给人的失望。“那样”指的当然是他和鲁迅都不愿意看到的现实情境，在这里，他们发挥不了自己应有的作用。“无声”的潜台词，当然是彼此心照不宣的对现实的评价。他后来的遭遇及最后的不幸，都证明了“无声的话”内容之深刻。

38. 鲁迅“到都督府去辞职”后，“一个拖鼻涕的接收员”和“孔教会会长傅力臣”这样的人反映了学校怎样的状况？

答：“拖鼻涕的接收员”指的是这类政府工作人员毫无基本的职业素质，连作为公职人员基本的社会形象和公众形象也不注意。孔教会会长是当时保守势力的一个代表，由这样的代表来接任一个新式学校的职务只能说是一件非常具有讽刺意味的事情。

39. 为什么要详细描述德清的大怒，并提到孙传芳大帅？

答： 在军政府的打压下，《越铎日报》当时已经没法办下去了，所以才有了报馆被捣毁的事件。鲁迅特别写到"德清适值在城里，大腿上被刺了一尖刀"，这是一个很残酷的事实。一个手无寸铁的报社编辑被一群武装士兵伤害，无论在哪个现代的文明国家都是一件令人震惊的大事，但是这件事情最后却流于无奈。鲁迅以近于滑稽的口吻写道，这个"一寸来宽的刀伤"都没有办法向外界说明和展示，说明当时这种暴行已经如此普遍，以至连以此为据来加以谴责都找不到强有力的理由。这就不仅仅是悲剧，还是悲剧当中的滑稽，更加衬托出一个知识分子面对乱世的无奈。

北洋军阀孙传芳曾经下令禁止上海美术专门学校使用裸体模特，这种对文化艺术的粗暴打压和干涉同样体现了军阀的横暴。由《越铎日报》被捣毁联想到孙传芳，这是鲁迅式的自由联想。他把这两个事件并置在一起，一同折射出了辛亥革命之后军阀政府的蛮横与凶残。

40. “他又成了革命前的爱农”指哪方面？革命前后的范爱农有什么差异？为什么他又变回了革命前的样子？范爱农被辞退后为何不像以前那样教小学生糊口，而是整天喝酒、飘荡在外？

答： 革命前的范爱农只是借酒浇愁、无所事事，对人生充满失望。此时此刻，在“革命第二天”，范爱农再一次对现实怀着深深的失望。这次的失望应该说是绝望，可以说基本上断送了范爱农对未来的憧憬。因为他已经经历了一次革命的过程，却发现革命没有给中国带来真正的改变。

范爱农被辞退后不像以前那样教小学生糊口，主要原因在于他对未来丧失了动力，也丧失了希望。

41. 鲁迅在教育部任职，真的不能在北京为范爱农找一个糊口的工作吗？

答： 鲁迅在文章中已经回答，“我想为他在北京寻一点小事做，这是他非常希望的，然而没有机会”。就是说，在“革命第二天”，世界并没有向一些有理想的青年敞开大门，生存的空气依然非常稀薄，这是现实的无奈。

42. “爱农先是什么事也没得做，因为大家讨厌他”，这句话中的“先是”为什么没有照应的关联词“后来”？是不是“因为大家讨厌他”，所以“什么事也没得做”？这里的“大家”是指哪一类人？“大家讨厌他”说明什么？

答：这是个倒装句，“因为大家讨厌他”，所以“什么事也没得做”，实际上存在着一个相互作用的因果关系。这也再一次写出了范爱农相对孤僻的性格，这种性格是缘于他的人生理想与当时的环境格格不入。“先是”后边并不是一定要出现关联词“后来”，有时候它也可以省去。这里弱化了“后来”，我觉得包含着这么一层意思：范爱农什么事情也没得做，后来继续借酒浇愁，人生陷入进一步的颓唐。这件事情是顺理成章的，加上一个“后来”反而显得格外刻意。“大家”指的是后来范爱农身边的其他人，他们因为生活的原因能够接近范爱农，但讨厌他。说明即便是周边比较亲近的人也并不理解他的理想，甚至对他这种孤僻的性格感到很不适应。

43. “后来认识的较为年青的人”是不是就是一块坐船去看戏的“几个新的朋友”？这里鲁迅是否在隐晦地表达什么？“然而他们似乎也不愿意多听他的牢骚，

以为不如讲笑话有趣”意在说明什么？

答：“后来认识的较为年青的人”和在范爱农出事的前一天约他坐船去看戏的新朋友可能是一批人，也可能不是一批人。总之，他后来新接触的一批人是鲁迅不熟悉的。文章里没有交代清楚，这也不是鲁迅要强调的内容。

44. “也许明天就收到一个电报，拆开来一看，是鲁迅来叫我的。”这种自嘲又带有几分悲凉的话却被看成笑话，那些所谓的朋友是否真心？

答：这个是很难考证的，我们也不必钻牛角尖地来追问这个问题。我想，鲁迅在这里主要表达了这么一个意思：范爱农还是有朋友的，但他与这些朋友在心灵深处可能是有隔膜的。

45. 范爱农为什么在最后落魄时不找鲁迅？

答：也许范爱农真的在落魄时给鲁迅写过信，他不是时常说“也许明天就收到一个电报，拆开来一看，是鲁迅来叫我的”吗？我们不能排除这种可能性，他也曾主动向鲁迅询问自己的去处和其他可能性，但这不是文章表述的重心。文章具体谈到了人生的选择和生活的改变，其中包含了许多细节。作为文学作品，它不是旨在详尽记录所有生活细节，而是要传达作者的思想感情和情感倾向。我们在阅读文学作品时首先应该理解作者的意图，而不是脱离这个文意刨根问底。文章的主要目的是表达作者的思想感情，而不是呈现一个人物的完整历史档案。作为读者，我们主要应该学会在阅读当中敏锐地捕捉作者的思路，从而体察他的思想和情绪，这才是正确的阅读姿态。

46. 文章多次写范爱农爱喝酒，有什么用意吗？范爱农生活都那么困难了，还那么爱喝酒，为什么？

答：我认为这样的问题其实是很简单的。人们并不是只有在生活富裕或达到一定经济条件时才喝酒，酒也不是人生的奢侈品。我们不能脱离文意来谈论作品，重要的是通过鲁迅对范爱农喝酒的描写感受到他的落魄和对生活的失望这一基本事实，而不是去拷问他的生活习惯或试图给他提供更合理的生活方式的指导。这并不是鲁迅写作的初衷，也不是我们今天阅读文章的目的。

47. 范爱农最后因何而死？是自杀还是醉酒失足？“虽然能浮水，却从此不起来”，范爱农水性好，可是当时为什么不起来？文中写范爱农不听人劝，偏要到船舷上去，还“自己说是不会掉下去的”，但他掉下去了。从这里能否看出他早就想要自杀呢？如果是自杀，他为什么自杀？范爱农直立着死去是否与他不屈的性格有关？为什么“我”疑心范爱农是自杀，“又疑心这消息并不确，但无端又觉得这是极其可靠的”？作者究竟要表达什么观点？他的心理为什么这么矛盾？

答：这些问题都围绕着范爱农的死因。他是自杀还是意外落水？这实际上是一个谜。由于鲁迅并不在现场，所有的解释都只是推测。当然，范爱农的死是一个公认的事实。鲁迅对范爱农的死因感到疑虑，甚至自己也觉得对这个问题的判断很犹豫，这是因为范爱农身上体现出了鲁迅在同样的愤懑与失望心境中所体验到的人生迷茫——一种对未来方向与选择的不确定感。在某种意义上，耿直真诚是范爱农与鲁迅共同的特点，而鲁迅实际上也在范爱农的遭遇和命运中看到了自己的影子。

48. 范爱农之死的原因在自己还是社会？他的死对鲁迅有什么影响？

答：范爱农之死实际上揭示了鲁迅思想中的矛盾性。一方面，他对现实世界深感失望；另一方面，他曾被留学时期的人生理想和辛亥革命的理想激励。他们都是有理想的人，他对于这样一个年轻生命的过早离世充满了不舍和不甘。因此，鲁迅面对范爱农去世的事实时难以接受，不愿相信这个人就这样突然、仓促地离开了世界。像范爱农这样勤奋、不图虚名、脚踏实地的人本应对社会、对时代有所贡献，这个时代也许更需要像他这样的人。所有的矛盾和犹豫，都源自鲁迅复杂的心理情感。

在这里，我认为我们阅读的重点不应放在范爱农是意外落水还是自杀，或者他在意外落水后是否放弃了求生的努力，而是应该从这个事件中看到像鲁迅这样的知识分子在这样一个历史转折时期对未来的迷茫和内心深处的纠结。

一个淹死的人被发现时是站立的而不是躺着的，这可能需要更多地从物理学和生物学的角度来解释。但鲁迅特别强调他是直立的这个细节，我认为主要是为了传达一个特殊的审美形象，即范爱农像生前一样充满了不屈不挠的精神。他是一个耿介之士，一个性格独特的人。

49. 最后大家本要给范爱农的女儿捐学费，族人却不照顾他的女儿，只是来争夺这笔款项的保管权。这反映了什么样的世态呢？大家又为什么“觉得无聊，便无形消散了”呢？

答：作者最后提到，大家原本打算筹集一些资金作为范爱农的孩子将来的学费基金，但这个提议一提出，就有族人来争夺这笔款项的保管权。这无疑是世态炎凉的写照。一个年轻的生命在不该结束的时候结束了，连那些同情他的人们的善意也变成了他人贪婪地争夺的目标，这是整个时代的悲哀。

50. 全文最后一段和《从百草园到三味书屋》的最后一段颇为相似，如何让学生理解并运用这种结尾方式？

答：全文以对范爱农的孩子——唯一的女儿的情况的关心作结，颇有点《狂人日记》里边“救救孩子”的意思。整篇文章虽然结束了，但是余音袅袅，回荡在每一个读者的心间。

51. 范爱农的人生非常坎坷，是什么让范爱农的人生有那么多变化？又是什么让他的人生如此凄凉，结局如此震撼人心？范爱农究竟是个怎样的人物？他和吕纬甫、魏连殳是同一类人物吗？

答：范爱农是鲁迅笔下的现代知识分子代表之一，他充满理想，有着对自身追求的坚持，个性独立，不甘于随波逐流，卓尔不群，难免孤独、寂寞，最后被冷漠的社会窒息。与吕纬甫、魏连殳一样，他也陷入了觉醒后无路可走的悲剧。

52. 作者对范爱农心存愧疚吗？作为一篇极其沉痛的怀人文章，我们该怎样理解和把握作者的感情？

答：在这篇文章中，作者对范爱农的感情丰富而层次分明，从最初的误解和不满到后来成为精神上的知己，展现了两个个性鲜明、人格独立的现代知识分子之间的精神对话和思想交融。在对人生的回顾中，鲁迅有对自己的反省，但更多的还是对范爱农由衷的赞赏，并通过怀念他实现了对自我精神状态的投射与反思。

《后记》答问

1. 鲁迅为什么要写这篇《后记》？《朝花夕拾》正文有十篇，为什么这篇《后记》仅涉及《〈二十四孝图〉》和《无常》两篇？

答： 后记是书籍或文章之后的文字，内容灵活多变，可以概述写作过程、追忆相关心情、交代背景或补充材料。这篇《后记》属于最后一种，对《朝花夕拾》中的篇目《〈二十四孝图〉》和《无常》进行材料补充说明。就后记这种文体本身的特点而言，仅对作者认为有必要说明的部分予以补充是完全正常的，这正是其自由多样性的体现。重点补充《〈二十四孝图〉》和《无常》的材料可能是因为前者涉及的文献较为丰富、值得展开，后者特殊的地方性有必要更仔细地加以说明。

当然还可能有一个原因：其他篇目主要是对日常生活感受的叙述，本身不会引起太大的争议和分歧，而这两篇文章所涉及的主题较为敏感。孝道是中国人伦的重要内容，围绕它的不同意见可能会引发各种分歧，需要更仔细的解说。而《无常》的故事涉及关于生死的民间信仰，也是众说纷纭，因此有特别展开说明的必要。

2. “郭巨埋儿”的故事很早之前胡文炳已经删除，为什么鲁迅还要谈及？作者收集、阅读大量相关资料，是为了追根溯源，从历史演进的视角揭露和评议“孝”的虚伪性吗？

答：从历史演进的视角考察某一文化现象，特别是挖掘它对于现代中国人精神性的影响，是鲁迅许多创作的基本出发点。因此，尽管“郭巨埋儿”的故事胡文炳早已删除，但在鲁迅看来，这个故事深刻地蕴含了中国文化基因的重要密码，所以值得“旧事重提”。

3. “孝只在乎心，不在乎迹。尽孝无定形，行孝无定事。古之孝者非在今所宜，今之孝者难泥古之事。”这些话在我看来就是至理名言，完全表达了实事求是、与时俱进的态度，为什么鲁迅引用了却不谈？以他的古文水平，竟说自己“还是不大懂”，这是否与鲁迅对待传统的过激态度有关？

答：不能仅凭这一句话来判断，因为鲁迅在下文中提到，这位“纪常郑绩”的思维在民国九年依然存在，批评“海内承学之士，嚣嚣然侈谈自由平等之说，致道德日就沦胥，人心日益浇漓”。这种将新道德的引入视为破坏伦常的观点显然是保守和迂腐的，也往往不符合历史事实。因此，即便这位“纪常郑绩”提出过一些看似合理的判断，也不能证明他对时代变化中的伦理问题有正确的理解，更不代表其思想体系具有合理性，所以鲁迅对他的评价是带有质疑的。在探索现代伦理的发展和变化方面，鲁迅这种有限度的质疑是审慎的，不能被简单地归类为所谓的“过激”。

4. 文中“家庭教育的好模范”这个词句颇让我想起国家提倡的家风、家训和家教。如何让学生辩证、全面地思考亲子关系和孝的本质？能不能结合鲁迅的家风谈一谈？

答：我不认为这两者可以简单进行类比。今天我们提倡家风、家训和家教是基于现代化的中国社会发展的需求，这与鲁迅在民国九年所观察到的有显著不同。至少在民国时期，一些被提倡的东西还是新旧观念混杂、含义复杂且模糊的，而且倡导者的目的也各不相同，鲁迅有理由对此保持高度警惕。

对任何思想追求的提倡，都应结合当时的社会背景和文化实际情况。在一个稳定和平的时代，家风当然值得挖掘。因为成熟健康的社会文化必然会转化为家庭文化，最终对人的成长产生积极影响。鲁迅的家风无疑对他的成长有正面作用，比如他祖父的正直和他母亲的慈爱等特质都能在他身上看到。但归根结底，鲁迅的成长发生在那个历史巨变的时代，是丰富的社会文化包括中外文化的交融塑造了鲁迅。我建议，在理解鲁迅思想时不能忽视这样一个基本的社会前提，否则就会像一叶障目、盲人摸象一样，单纯关注“鲁迅家风”可能会造成某种误导。

5. “郭巨埋儿”和“李娥投炉”的故事与陈叔宝有什么关系?

答: 请注意，鲁迅并不是刻意将“郭巨埋儿”“李娥投炉”的故事与陈叔宝挂上关系，而是说像“纪常郑绩”“吴下大错王鼎”那样的评论非要将亲情伦理与陈叔宝这个亡国之君联系起来，混淆个人伦理与家国伦理的差异，实在有些怪异。借着这样的怪异梳理，鲁迅发现当今人们对“郭巨埋儿”和“李娥投炉”的阐释也是奇形怪状。这些阐释本身充满了伦理的谬误，透露出诸多扭曲的心态。

6. 为什么要谈“百行之先”与“男女”的关系?

答: 这是鲁迅对当时道德提倡虚伪性的揭露。“百行孝为先”本是一种对淳厚心性的倡导，但在对高尚德行的宣传中却掺杂了对两性问题奇怪的想象——突如其来的禁忌本身就是一种奇怪的想象。这恰恰说明许多道德家内心深处其实是不够“干净”的，鲁迅的这种描写当然是反讽的。

7. 文中突然来了一句“自然竭力来减省”，有什么论战背景吗？

答：我理解这是鲁迅的幽默之语，暗讽将严肃的孝道话题与男女之事混为一谈，这种东拉西扯的言论本身就是轻浮浅薄的“浇漓”之语。本文对这类事实的揭露也难免被人视作“文风浮艳不实”，所以鲁迅特意用破折号传达了一种自我警戒。也就是说，他懂得有所节制，不会像那些心口不一的道德家一样善于利用严肃的孝道话题来过分关注男女之事。

8. 故乡老人讲“曹娥投江”的部分和今天的“键盘侠”网络暴力何其相似，当代的人该怎样理解鲁迅对古代“孝”故事的看法？

答：在鲁迅看来，两代人之间的亲情尤其是子女对长辈的关爱照顾是人之天性。他写道：“因为父母生了子女，同时又有天性的爱，这爱又很深广很长久，不会即离。现在世界没有大同，相爱还有差等，子女对于父母，也便最爱，最关切，不会即离。”（《我们现在怎样做父亲》）但中国传统礼教的问题在于将这种原本合理正当的亲情等级化和权力化，他指出：“父对于子，有绝对的权力和威严；若是老子说话，当然无所不可，儿子有话，却在未说之前早已错了。”（《我们现在怎样做父亲》）这种观念逐渐成为欺凌压迫弱小者的理由和借口，扭曲了人间亲情，形成了人伦关系的不正常状态。鲁迅努力揭露“孝文化”中的扭曲成分，试图恢复其健康本性，这可以看作破除礼教重压、回归正常人性、解救人间真情的努力。总之，鲁迅旨在解构礼教传统对“孝”的定义，并在以幼者为本的立场上重建现代人伦亲情。正如他在论述中所说：“应该先洗净了东方古传的谬误思想，对于子女，义务思想须加多，而权利思想却大可切实核减，以准备改作幼者本位的道德。”与之相反的则是“一味收拾幼者弱者的方法。在这样社会中，不独老者难于生活，既解放的幼者，也难于生活”。

9. 《后记》补充了《〈二十四孝图〉》未提及的若干个“孝”故事，是为了更全面、充分地揭示其虚伪性吗？

答：孝道问题体现了中国人伦文化的核心，极复杂也极容易引起争论，因此鲁迅在《后记》中用大量篇幅补充了《〈二十四孝图〉》未提及的若干个“孝”故事。这是为了进一步揭示“孝文化”的历史存在，包括它的生成机制、传播机制和在社会接受过程中所遭遇的扭曲，从而引发人们对“孝文化”的深入反思和批判。

10. “古今颇有许多遇盗，遇虎，遇火，遇风的孝子，那应付的方法，十之九是‘哭’和‘拜’。”其中的“哭”与“所画的是曹娥还未跳入江中，只在江干啼哭”中的“哭”有联系吗？是一回事吗？文中并未涉及“拜”，上句中的“拜”应该就是指我们平常对祖宗、鬼神磕头等礼仪吧？

答：在紧急情况下，孝子往往只能选择“哭”和“拜”。在宣扬孝道的同时，我们的传统教育却不自觉地削弱了年青一代的社会能力，将尽孝与人生的悲剧和凄苦遭遇联系在一起。这样的文化语境不断暗示着人与人之间的自然亲情是一件充满危险的事情，而且度过危机的方法不是依靠自己强健的生命力，而是依赖祈求和示弱。这样的伦理教育理念显然不能被鲁迅认同。“拜”在这里主要是一种示弱的姿态，与对神明的礼拜有所不同。

11. “中国的哭和拜，什么时候才完呢？”这句为何要单独成段？

答：单独成段自然是为了突出和强调，这是在提醒人们传统的文化教育根深蒂固又问题重重，需要引起全社会的高度重视。

12. “至于线的错误和缺少，那是不能怪作者的，也不能埋怨我，只能去骂刻工。”这里谈到对不同的人的态度时使用了不同的动词——“怪”“埋怨”“骂”，该怎样鉴赏这几个词的妙处？

答：我觉得关键并不在“怪”“埋怨”“骂”这几个词的微妙差异上，而是通过一连串的批评性词汇表明了这样一个现实：读者对这样粗陋而缺少美感的伦理教育图册早已经十分不满，作者、刻印者乃至引用者都可能成为发泄不满的对象。换句话说，传统的儿童教育读物早已经不能满足广大读者的需求了，时代正在呼唤真正关怀儿童、爱护儿童并以儿童为本位的教育读物。

13. “人说，讽刺和冷嘲只隔一张纸，我以为有趣和肉麻也一样。”这张纸是什么？“讽刺和冷嘲”“有趣和肉麻”的具体区别是什么？

答：这张纸代表了正常的人性标准。只要我们以正常的人性状态待人接物，就不难发现伦理道德中的真诚与虚伪。那些矫揉造作的“孝”故事尽管看似“有趣”，但只要我们用正常的人性眼光去审视，就不难察觉其中的“肉麻”之处。这正是传统礼教与正常的人性标准脱节的荒谬之处。

14. 为什么要写到汉朝人的画像?

答: 鲁迅对汉唐气象确实有过赞誉,他在《看镜有感》中写道:“汉唐虽然也有边患,但魄力究竟雄大。”这句话意味着,在鲁迅看来,中国文化曾经自信、健康的年代与后来日益衰弱、退缩的年代形成了鲜明对比,从而揭示了中国传统伦理文化的真相。我们曾经有过“正常”的健康孝道主张,后来的荒谬和扭曲完全是历史演变的结果。这个历史的教训值得我们在对比中深刻铭记。

15. “新近因为白得了一个月的薪水”是怎么回事?

答: 鲁迅于 1927 年 1 月离开厦门大学赴广州,1 月 19 日搬进中山大学钟楼,2 月 10 日正式就任中山大学文学系主任兼教务主任,同时讲授“文艺论”“中国小说史”“中国文学史”三门课程。“四·一五”大屠杀发生后,鲁迅营救学生未果,在 4 月 21 日愤而辞职,但中山大学仍然支付了 4 月、5 月的全额薪水。据《鲁迅日记》记载,6 月 6 日上午“得中大委员会信,允辞职”;6 月 30 日“收中山大学送来五月分(份)薪水泉(钱)五百”。显然,鲁迅将这辞职后领到的报酬视作“白得了一个月的薪水”。

16. “……后来中绝,便只残存于日本了。但这不过是我一时的臆测，此外也并无什么坚实的凭证。”该句中“中绝”“残存”“臆测”“坚实”四个词有明显的古文影子，该怎样理解这种现象？

答：鲁迅一直在探索现代文章的语言问题。在坚持白话文的大方向之下，他的语言风格中西结合、语法多变，不断丰富现代语文的表现力。这里对文言文词汇的适度运用，是鲁迅的语言实验。

17. 关于“无常”的画像，作者为什么要搜集这么多版本？反映了他的什么特点？

答：生死是人生最大的问题，因为死亡而产生的“无常”文化广泛地渗透在中国人的生活之中。鲁迅不惜篇幅尽可能充分地展示各种“无常”的画像，意在展现这样一种丰富性，也借此表明这一民间信仰的广度，这是写作《无常》的重要缘由。

18. 关于搜集画像的事，感谢常维钧、章矛尘后，鲁迅为什么还要感谢自己？

答：这里不仅是“感谢”，也是如实交代文章的各种资料的来源，“我自己”如何搜集资料自然也在交代的范围之中。当然，把自己放在需要致谢的朋友行列中也属于鲁迅式的幽默和自我打趣。

19. “但我调查了一切无常的画像之后，却恐慌起来了。”作者为什么会“恐慌”？

答：这些画像所呈现的形象有别于“我”的记忆，因而“我”的行文若不准确，就可能引起读者的困惑与不解。这里体现的是鲁迅作为学者的严谨。

20. “曾经对于吴友如先生辈颇说过几句蹊跷话”，作者说了哪几句话？为什么说是“蹊跷话”？

答：在上文中，鲁迅曾经对晚清画家吴友如的《女二十四孝图》中的“奇怪”内容有所评点，认为画家也不得不受到社会舆论的影响。在这里，鲁迅为了证明记忆的准确性，不得不亲自提笔画图，这个行为本身也显得有些蹊跷。前面他因为蹊跷的观感而大加评点，这里却因为担心自己所描绘的情景被人视为“蹊跷”而不得不手绘图像，这样的“我”与吴友如之间似乎有了某种遭遇上的类同。这依然是鲁迅式的幽默与自嘲。

21. “除勾摄人魂外，……这是很特别的。”这一段似乎凸显了作者极强的辨别力和概括力，应该如何从语言表达的角度鉴赏其妙处？

答：作者以简练而精当的语言描绘了各种“无常”的画像的特点，他没有采用繁琐的素描，而是用三言两语直击要点。这些要点正是画像给人留下深刻印象的地方，比如头上的帽子、长拖的舌头、一把破扇、下巴上的一条线、站立的位置等。总之，这些形形色色的“无常”的画像反映了人们对这些“活泼”的形象的丰富想象。在这里，鲁迅的文笔可谓达到了出神入化的境界。

22. “《玉历》式的思想是很粗浅的：‘活无常’和‘死有分’，合起来是人生的象征。人将死时，本只须死有分来到。因为他一到，这时候，也就可见‘活无常’。”作者似显武断，应该怎样理解和把握这段话的内涵？既然“本只须死有分来到”，那又如何“也就可见‘活无常’”？

答：这里体现的是民间传说的混沌性。所谓“粗浅”，其实是《玉历》将“活无常”和“死有分”一并描绘，没有考虑其他传说的可能——“死有分”几乎都是独自出现、独立工作的。民间传说毕竟不是科学记载，不需要对文献考证的准确性负责。鲁迅在这里“武断”地将两者合体，让“活无常”与“死有分”联袂出现，是遵从了民间传说的混沌性。也可以这样说，一旦失去了这种混沌性，想象的魅力也就不复存在了。

23. “呜呼，这明明是专在和我为难”和文章最后“我本来并不准备做什么后记”这两句话，是否表达了鲁迅对民间传统的遗失和资本控制下的文化生产扭曲民间文化的痛心疾首？

答： 前面的“为难”指的是民间传说因其不确定性而与童年记忆不符，使得保持科学式的准确性变得困难；而后面对《后记》中种种复杂考虑的讨论，则反映了当代人对于断断续续的民间传统的理解之难。在这里，鲁迅主要针对的不是资本的文化支配权，而是古今各种复杂文化力量的共同作用。这些作用让我们对人性真相的认知变得模糊不清，因此需要更多的解释和说明。

24. 为何最后还要写“走阴”或“阴差”的内容？作者提到“然而从此也更传讹下去”，是不是为了避免以讹传讹才写《后记》中关于“无常”的内容？“……顶着真的活无常的名号，大背经典，荒谬得很的。”这句话中的“大背经典”是怎么回事？

答： 这也继续说明了“无常”传说的混沌性。“无常”本是阴间的人物，但由于“走阴”的存在，最后也就变得阴阳不分了。所谓“大背经典”，是指一个原本与知识无关的勾魂使者突然具备了文化修养，说起话来满口之乎者也。这体现了“无常”在民间传说中的喜剧性和荒诞性，同时也彰显了迎神赛会高度的娱乐功能。

25. 文章题目是《后记》，洋洋洒洒写了几千字，到了最后一小节才提到“后记”及其写作情形，作者为什么这么安排？

答：其实《后记》就是“后记”，即使在文末不出现这两个字，只要其功能得以体现，就没有任何问题。在这里提及“后记”既是顺便点题，也是收束全文的一种方式。

26. 文中出现了多幅插图，而且作者还亲自绘画描图。这在鲁迅的文章中是很少见的，他为什么要这样做？

答：本文探讨的两大现象在现实生活中并不常见：一是历史上的故事，特别是那些超乎常人的异样人伦行为；二是非现实的神怪传说。这些现象本身需要一定的可视性才能给人留下深刻印象，而图像中的姿态细节正是作者分析的重点。没有图像就难以生动地传递这些信息，如果现有的图像无法充分展现作者记忆中的印象，那么作者就不得不亲自绘制。

27. 鲁迅对前面的文章中提到的人物不论是“马虎子”还是“无常”考证都非常细致，究竟意欲何为？

答：本文实际上展现了两条意义线索，或者说两个意义层次：一是基于儿童记忆的来源，二是中国传统与中国社会思想之间的复杂关系。鲁迅试图通过分析现实中的文化习俗来挖掘深层的文化精神奥秘，这本身就是一项理性且严肃的任务，他严谨的考证正是对这一工作态度的坚守。

28.《后记》为我们展现了一位学者（读书、设计书、赏书、写书）是如何做学问的，包括版本学、插画学的历史和趣闻以及比较和辨别的方法和优劣标准，这些内容都很专业。比较难理解的是“双料画法”，我理解的是一种用两幅画来表现一个故事的连环画技巧，是这样的吗？

答：我理解的“双料画法”应该是用两幅画体现老莱子的两种不同的“娱亲”方式——“诈跌卧地”和“为婴儿戏”，“双料”意味着加倍描绘和表现。

附录

《朝花夕拾》：鲁迅的“休息”与“沟通”

鲁迅的代表作从不同侧面展示着作者的精神世界：《呐喊》《彷徨》着眼于现实人生的抗争，《野草》属于自我心灵的拷问，杂文体现了对当下社会文明形态的批判。在这方面，我以为散文集《朝花夕拾》值得我们加以细细品味。很显然，与鲁迅作品通常呈现出来的紧张感、压抑感、灰暗感不同，《朝花夕拾》有一种别样的轻松和明朗。

过去，阐释者习惯于继续沿着《呐喊》《彷徨》的理解思路，在“反封建”的巨大历史意义中寻找鲁迅的锋芒与斗志，于是便出现了“百草园”与“三味书屋”的尖锐对立。事实上，只要我们平心静气地进入《朝花夕拾》的世界，就会很自然地发现，那种以“百草园”为民主自由、以“三味书屋”为封建保守的对立在很大程度上是似是而非的判断。《朝花夕拾》与其说是作者的又一次反封建的出击，不如说是作者在特殊心境当中的一番沉吟、一番浅唱。鲁迅自己就这样定位《朝花夕拾》：“我常想在纷扰中寻出一点闲静来”，“我有一时，曾经屡次忆起儿时在故乡所吃的蔬果：菱角，罗汉豆，茭白，香瓜。凡这些，都是极其鲜美可口的；都曾是使我思乡的蛊惑。”“他们也许要哄骗我一生，使我时时反顾。”[①]当然，在我看来，这里的“闲静”又与中国古代文人寄情山水的自我解脱不同，它依然体现了鲁迅对现实人生的追求与关怀。

一

鲁迅的“闲静”，具有自己独特的内涵和意义。

在中国古代文化传统中，“闲”是一种典型的个人精神形态。追根溯源，它可以联系到道家文化切断社会关系的“逍遥”理想。在后来的知识分子生活中，“闲”就是“闲适”，本质上讲，这是作为现实人生失意之后的一种自我调节的态度。其基本的特点就是对现实人生的“不介入”，甚至主动地“退出”。它采取与现实人生发展相对立的方向，主要是在自得其乐的精神向度上吟风弄月、自我调养，所谓：“闲居三十载，遂与尘事冥。诗书敦宿好，林园无世情。”（陶渊明：《辛丑岁七月赴假还江陵夜行涂口》）晚明小品文就是这一

---

① 鲁迅：《朝花夕拾·小引》，见《鲁迅全集》2 卷，235～236 页，北京，人民文学出版社，2005。

中国式闲适的集中体现。

然而，晚明小品文所代表的中国式闲适却分明不符合鲁迅对人生与文学的理想。在《小品文的危机》中，鲁迅感叹，五四散文小品在“挣扎和战斗”中成功之后，“以后的路，本来明明是更分明的挣扎和战斗，因为这原是萌芽于‘文学革命’以至‘思想革命’的。但现在的趋势，却在特别提倡那和旧文章相合之点，雍容，漂亮，缜密，就是要它成为‘小摆设’，供雅人的摩挲，并且想青年摩挲了这‘小摆设’，由粗暴而变为风雅了。”他接着提出了自己关于小品文的著名主张：

> 生存的小品文，必须是匕首，是投枪，能和读者一同杀出一条生存的血路的东西；但自然，它也能给人愉快和休息，然而这并不是“小摆设”，更不是抚慰和麻痹，它给人的愉快和休息是休养，是劳作和战斗之前的准备。①

鲁迅在这里用了“休息”一词，与“闲适”的差别在于，“休息”不是引导人离开人生，增加否定现实人生

---

① 鲁迅：《南腔北调集·小品文的危机》，见《鲁迅全集》4卷，592～593页，北京，人民文学出版社，2005。

追求的趣味，而是积蓄生命活力的一个过程，是在冷静中增加对人生理解的一种方式。

以上《小品文的危机》一文虽然写成于1933年，离创作《朝花夕拾》的时间已有了七八年之距，不过，以鲁迅一生文学理想的稳定来看，他在1930年代的表述自然不是散文观念的转换，而应当就是一种比较准确的自我经验的宣示。因为，我们可以在散文集《朝花夕拾》中看到，鲁迅一方面真切、自然而朴素地回溯着“过去的故事”，另一方面却又没有因为沉浸于“过去”的趣味而如中国古代知识分子那样“忘我”甚至“自失”起来。

故乡、童年之所以充满魅力，主要的原因还在于“距离”。距离帮助我们推开眼前必须面对的事物，让身边的烦恼暂时远去。回到过去就是回到一处“超功利”世界，人“自由”而没有“负担”。如果没有这样的精神轻快，其实故乡、童年也无所谓“美丽”了；反过来也可以说，没有实际人生烦恼的纠缠，我们也无法确知“超功利”世界的可贵——这是两个互动的层面。

《朝花夕拾》的魅力就在于恰到好处地设置和利用了这样的“距离”。越是遥远的童年事物，鲁迅充满情趣的叙述越多于直接的价值判断。因为，价值的判断本身就属于当下生存的“结果”，过分剑拔弩张地抨击也就缩小了与“过去”的距离，这样，也就失去了“休息”的意义。例如《从百草园到三味书屋》，过去我们已经习惯于将它视为抨击“封建教育压抑摧残儿童”的控诉书，于是便不难得出这样的判断：“百草园”是充满童趣的美好世界，而“三味书屋”则代表了封建教育对儿童的压抑和摧残。其实，这大概是没有读出鲁迅在文中那无所不在的情趣来：

> 三味书屋后面也有一个园，虽然小，但在那里也可以爬上花坛去折蜡梅花，在地上或桂花树上寻蝉蜕。最好的工作是捉了苍蝇喂蚂蚁，静悄悄地没有声音。然而同窗们到园里的太多，太久，可就不行了，先生在书房里便大叫起来：
>
> “人都到那里去了?!”
>
> 人们便一个一个陆续走回去；一同回去，也不行的。他有一条戒尺，但是不常用，也有罚跪的规则，但也不常用，普通总不过瞪几眼，大声道：
>
> “读书!”
>
> 于是大家放开喉咙读一阵书，真是人声鼎沸。

有念“仁远乎哉我欲仁斯仁至矣”的，有念“笑人齿缺曰狗窦大开”的，有念“上九潜龙勿用”的，有念“厥土下上上错厥贡苞茅橘柚”的……。先生自己也念书。后来，我们的声音便低下去，静下去了，只有他还大声朗读着：

“铁如意，指挥倜傥，一座皆惊呢～～；金叵罗，颠倒淋漓噫，千杯未醉嗬～～……。”

我疑心这是极好的文章，因为读到这里，他总是微笑起来，而且将头仰起，摇着，向后面拗过去，拗过去。

一个有蜡梅花可折、有蝉蜕可寻的所在，一个并不十分严厉的师长，而且，他读书的痴迷也是这样的可爱……对于此情此景，鲁迅的陶然是明显的。实际上，与百草园比较，三味书屋是他人生的另外一番体验。从百草园到三味书屋，鲁迅满怀意趣地为读者呈现了他丰富的童年记忆。这就像那位长妈妈一样，鲁迅既描写了她的诸多“劣迹”，同时也讲述了她的朴素与真诚，所有这些“优点”与“缺点”在拉开人生的距离之后，都共同形成了“记忆”的丰富，而丰富本身却是意趣盎然的体现。

当然，鲁迅的确没有完全沉浸在这样的趣味中，正如他自己说，“我常想在纷扰中寻出一点闲静来，然而委实不容易。目前是这么离奇，心里是这么芜杂。一个人做到只剩了回忆的时候，生涯大概总要算是无聊了罢”①。看起来，就是当下的“离奇”“芜杂”的遭遇令鲁迅无法真正进入到“过去”，又真正地“闲静”下来。于是，一部《朝花夕拾》就是鲁迅寻觅“闲静”而有时却无法“闲静”的产物。

二

在《朝花夕拾》中，这种寻觅“闲静”却无法完全“闲静”的心境有着生动的体现，而又正是这样的两重复杂性最终造就了鲁迅散文的独特性。

鲁迅不断在过去的回忆中穿插当下人生遭遇的意象与情绪，以形成新旧勾连，“休息”因此与“超脱”有别。《朝花夕拾》的题材，主要是鲁迅过去人生的记忆，然而鲁迅却显然无意专心讲这些“过去的事情”，而是不断在历史的叙述中穿插当下的“事件”，看似轻松幽默的联想中，到处是讽喻现实的明确指向。例如，

① 鲁迅：《朝花夕拾·小引》，见《鲁迅全集》2卷，235页，北京，人民文学出版社，2005。

《狗·猫·鼠》本是叙说作者对这三种动物的态度，然而下笔伊始，却一连带出了多个当代人物与当代事件：

> 我是常不免于弄弄笔墨的，写了下来，印了出去，对于有些人似乎总是搔着痒处的时候少，碰着痛处的时候多。万一不谨，甚而至于得罪了名人或名教授，或者更甚而至于得罪了“负有指导青年责任的前辈”之流，可就危险已极。为什么呢？因为这些大脚色是“不好惹”的。怎地“不好惹”呢？就是怕要浑身发热之后，做一封信登在报纸上，广告道：“看哪！狗不是仇猫的么？鲁迅先生却自己承认是仇猫的，而他还说要打‘落水狗’！”①

这里，所谓“名人或名教授”是暗讽现代评论派，“负有指导青年责任的前辈”“不好惹”则是徐志摩的用语，“浑身发热”又是陈西滢的言论。在这样的散文作品中，鲁迅多次运用杂文笔法，不时引入涉及当下思想论争的言论，看似“闲静”，实则锋芒毕露。这便是

① 鲁迅：《朝花夕拾·狗·猫·鼠》，见《鲁迅全集》2卷，238页，北京，人民文学出版社，2005。

鲁迅式的“休息”，既不同于中国古代文人脱离现实矛盾的超脱，也有别于出现在一些杂文中的那种斗争的尖锐和锋利。鲁迅的现实暗讽这里不是加强了内容的紧张性，而是在任意而写的“自由”中体现“随心所欲”的快感，是对现实人生遭遇的另外一种跨越形式。它还是服从于作者所追求的散文的“休息”，不过是一种仅仅属于鲁迅自己的“休息”方式。

鲁迅的回忆虽然看来都是自由写作，随意、洒脱，但整个作品集其实都存在一个自觉不自觉的核心主题：这里不是一般的童年琐事汇编，而是一个生命的成长的记录。从总体上看，《朝花夕拾》记录了一个生命从混沌初开、自我意识发生直到文化思想发展的全过程，而生命的历程本身就带有了某种庄重、严肃的意味，有别于一般的打趣和玩乐。生命就是搏击，就是理性的发生，就是“意义”的寻找。

在《朝花夕拾》中，鲁迅不是用他的“闲静”令我们丧失生存的意志与前进的欲望，而是试图在这样一种特殊的安宁中引发我们更深刻地思考人生的问题，鲁迅更愿意与我们一起来分享他对于各种生命与人生意义的“理解”。阅读《朝花夕拾》使我们并不是简单进入了鲁迅遥远而混沌的童年，而是更加理解了此时此刻的鲁迅的人生。

《狗·猫·鼠》并非一个人与“宠物”的故事，这里我们可以真正读出的是鲁迅自己人格的投射。鲁迅说了：“人禽之辨，本不必这样严。”“说起我仇猫的原因来，自己觉得是理由充足，而且光明正大的。一，它的性情就和别的猛兽不同，凡捕食雀鼠，总不肯一口咬死，定要尽情玩弄，放走，又捉住，捉住，又放走，直待自己玩厌了，这才吃下去，颇与人们的幸灾乐祸，慢慢地折磨弱者的坏脾气相同。二，它不是和狮虎同族的么？可是有这么一副媚态！”这里已经说得很清楚了：动物的脾性，其实不过是人类生存态度的投影。

《阿长与〈山海经〉》自然是鲁迅童年经历的叙写，但其中却不时暗示出鲁迅对待人际关系的基本态度。例如，“虽然背地里说人长短不是好事情，但倘使要我说句真心话，我可只得说：我实在不大佩服她。最讨厌的是常喜欢切切察察，向人们低声絮说些什么事，还竖起第二个手指，在空中上下摇动，或者点着对手或自己的鼻尖。”鲁迅的一生不就是在反抗各种“流言”，也反抗着种种的“切切察察”么？

《〈二十四孝图〉》主要也不是关于传统儿童教育形式的回顾，其中真正呈现的是鲁迅关于文化与生命成长关系的思考，他甚至暂时放弃了“休息”，将新文化运动的体验寄寓其中：“我总要上下四方寻求，得到一种最黑，最黑，最黑的咒文，先来诅咒一切反对白话，妨害白话者。即使人死了真有灵魂，因这最恶的心，应该堕入地狱，也将决不改悔，总要先来诅咒一切反对白话，妨害白话者。”“只要对于白话来加以谋害者，都应该灭亡！”

《五猖会》从童年参加迎神赛会时的遭遇写起，包含的是关于传统家庭教育方式对儿童身心健康的影响。我们不无同情地读到，童年鲁迅背诵《鉴略》的结果是：“开船以后，水路中的风景，盒子里的点心，以及到了东关的五猖会的热闹，对于我似乎都没有什么大意思。”“只有背诵《鉴略》这一段，却还分明如昨日事。我至今一想起，还诧异我的父亲何以要在那时候叫我来背书。”这个“诧异”后来便诞生了鲁迅的著名命题：我们现在怎样做父亲？

《无常》自然也不是简简单单的“鬼”故事，作者试图提醒我们注意一个重要的问题：在这无情的世界里，我们究竟如何珍惜人间的感情？因为，本来无情的“无常”其实都还这么有人情味，甚至超过了许多的人类：“因为他是勾魂使者，所以民间凡有一个人死掉之后，就得用酒饭恭送他。至于不给他吃，那是赛会时候的开玩笑，实际上并不然。但是，和无常开玩笑，是大家都有此意的，因为他爽直，爱发议论，有人情，——要寻真实的朋友，倒还是他妥当。”

《父亲的病》所交代的也不是一段家庭的不幸的往事，鲁迅更关心从中所揭示出的文化与生命的内在关系。在父亲的遭遇当中，鲁迅读到的远非一个小家庭的不幸，而是传统文化如何扼杀一个生命的过程。下面这段叙述涉及中西文化不同的死亡观念，读起来真有点惊心动魄：

> 中西的思想确乎有一点不同。听说中国的孝子们，一到将要“罪孽深重祸延父母”的时候，就买几斤人参，煎汤灌下去，希望父母多喘几天气，即使半天也好。我的一位教医学的先生却教给我医生的职务道：可医的应该给他医治，不可医的应该给他死得没有痛苦。——但这先生自然是西医。
>
> 父亲的喘气颇长久，连我也听得很吃力，然而谁也不能帮助他。我有时竟至于电光一闪似的想道：“还是快一点喘完了罢……。”立刻觉得这思

想就不该，就是犯了罪；但同时又觉得这思想实在是正当的，我很爱我的父亲。便是现在，也还是这样想。

早晨，住在一门里的衍太太进来了。她是一个精通礼节的妇人，说我们不应该空等着。于是给他换衣服；又将纸锭和一种什么《高王经》烧成灰，用纸包了给他捏在拳头里……。

“叫呀，你父亲要断气了。快叫呀！”衍太太说。

“父亲！父亲！”我就叫起来。

“大声！他听不见。还不快叫?!”

“父亲！！！父亲！！！”

他已经平静下去的脸，忽然紧张了，将眼微微一睁，仿佛有一些苦痛。

“叫呀！快叫呀！”她催促说。

“父亲！！！”

“什么呢？……不要嚷。……不……。”他低低地说，又较急地喘着气，好一会，这才复了原状，平静下去了。

“父亲！！！”我还叫他，一直到他咽了气。

我现在还听到那时的自己的这声音，每听到

时，就觉得这却是我对于父亲的最大的错处。

在关于师生友情的《藤野先生》中，鲁迅所要挖掘的便是一种超越功利的人间真情，这真情对于鲁迅具有巨大的“原动力”的意义，是他突破各种“正人君子”围攻的精神支柱：“他所改正的讲义，我曾经订成三厚本，收藏着的，将作为永久的纪念。不幸七年前迁居的时候，中途毁坏了一口书箱，失去半箱书，恰巧这讲义也遗失在内了。责成运送局去找寻，寂无回信。只有他的照相至今还挂在我北京寓居的东墙上，书桌对面。每当夜间疲倦，正想偷懒时，仰面在灯光中瞥见他黑瘦的面貌，似乎正要说出抑扬顿挫的话来，便使我忽又良心发现，而且增加勇气了，于是点上一枝烟，再继续写些为‘正人君子’之流所深恶痛疾的文字。”历史就这样又一次回到了现实，而人生的故事也因此被赋予了十分深刻的意义。

相对而言，《范爱农》似乎本身是一个比较“写实”的故事，但讲述故事的鲁迅却无意掩饰自己的丰富的情感和深邃的思考，在这份沉痛与严肃的背后，是鲁迅希望与读者共同面对的现实：“爱农先是什么事也没得做，因为大家讨厌他。他很困难，但还喝酒，是朋友请他的。他已经很少和人们来往，常见的只剩下几个后来认识的较为年青的人了，然而他们似乎也不愿意多听他的牢骚，以为不如讲笑话有趣。”不是么？我们都处于一个爱听笑话、需要轻松的时代，笑话与轻松已经开始令我们那些独特的个性渐渐不为社会所包容了。

三

在艺术上，《朝花夕拾》超越了传统散文的“独语”形式，追求的是对话与沟通。

众所周知，中国传统抒情散文颇受庄禅思想的影响，以“无言独化”为最高精神境界。它拒绝社会性沟通，强调返回个人内心。恰如明人郑瑄云：“人大言我小语，人多烦我少记，人悸怖我不怒，淡然无为，神气自满，此长生之药。”(《昨非庵日纂》卷 7)“见美女时作虎狼看，见黄金时作粪土看，这个中享了多少清福，让他说话我只闭口，让他指责我只袖手，这个中省了多少闲气。”(《昨非庵日纂》卷 13)这样一种规避世俗纷扰的人生态度造就了中国优秀的散文小品“独语”的传统。

在中国现代作家当中，也有自觉秉承这一“独语”

传统的。例如，徐志摩《翡冷翠山居闲话》所表达的“独游”观念就是：

> 这样的玩顶好是不要约伴，我竟想严格的取缔，只许你独身；因为有了伴多少总得叫你分心，尤其是年轻的女伴，那是最危险最专制不过的旅伴，你应得躲避她象你躲避青草里一条美丽的花蛇！平常我们从自己家里走到朋友的家里，或是我们执事的地方，那无非是在同一个大牢里从一间狱室移到另一间狱室去，拘束永远跟着我们，自由永远寻不到我们；但在这春夏间美秀的山中或乡间你要有机会独身闲逛时，那才是你福星高照的时候……你一个人漫游的时候，你就会在青草里坐地仰卧，甚至有时打滚，因为草的和暖的颜色自然的唤起你童稚的活泼；在静僻的道上你就会不自主的狂舞，看着你自己的身影幻出种种诡异的变相……①

这可以说就是现代人理解的“无言独化”了。

---

① 徐志摩：《翡冷翠山居闲话》，见《徐志摩全集》3卷，100页，南宁，广西民族出版社，1991。

不过，以“抗俗”而不是“避世”为己任的鲁迅显然与之不同。《朝花夕拾》第一篇是《狗·猫·鼠》，散文一开篇就带有十分明显的自我“表白”意味：

> 从去年起，仿佛听得有人说我是仇猫的。那根据自然是在我的那一篇《兔与猫》；这是自画招供，当然无话可说，——但倒也毫不介意。一到今年，我可很有点担心了。

在这里，鲁迅的态度十分鲜明：就是要让读者全面了解他本人在这一动物“事件”中所体现的真实人生态度，他与读者沟通与对话的愿望格外强烈。

我们注意到，出于沟通与对话的需要，《朝花夕拾》的大部分篇章都充满亲切、和蔼的叙述态度，具有鲜明的“讲述性”。总结起来，我们可以发现，这样的叙述模式居多：

1. “在什么什么地方的时候，我大抵在干什么”。如《范爱农》：“在东京的客店里，我们大抵一起来就看报。”

2. “我家的……”如《从百草园到三味书屋》：“我家的后面有一个很大的园……”

3．“我还记得……”如《无常》等。

鲁迅在亲切的叙述中还不时与读者交流、沟通，并时刻注意读者的知识基础与即时的反应，以便适当予以补充、调整。

例如《阿长与〈山海经〉》：“长妈妈，已经说过，是一个一向带领着我的女工，说得阔气一点，就是我的保姆。”第二段特别注意到了读者与作者的地域差异：“我们那里没有姓长的；她生得黄胖而矮，‘长’也不是形容词。”

有时候，鲁迅也略略离开故事，加入一点补充，这也是充分顾及了读者接受的知识背景。例如《无常》：“倘使要看个分明，那么，《玉历钞传》上就画着他的像，不过《玉历钞传》也有繁简不同的本子的，倘是繁本，就一定有。”

值得提出的是，在《朝花夕拾》中，鲁迅似乎具有一种相当自觉的“读者意识”。也就是说，他为自己选择了特殊的读者对象，从而体现出了对这样的读者的充分重视。这就是接受美学所谓的“隐含读者”。接受美学认为，除了一般意义的读者外，作家都还有自己心目中最想倾诉的对象，这样就产生了“隐含读者”。隐含读者就是作者心目当中最能够领悟和体味其创作动机的读者，作家往往就按照这样的预设来调整作品的内容及叙述方式。

那么，鲁迅所选择的“隐含读者”有什么特点呢？《藤野先生》有云：“东京也无非是这样。”这似乎表明，这样的读者并没有去过东京，但同时却有了解东京等异域事物的兴趣。在《狗·猫·鼠》中，“名人或名教授”，或者“负有指导青年责任的前辈”之类“大脚色”也成了他讽刺挖苦的对象，这也将“大脚色”们排斥在外了。这不仅因为鲁迅一向对他们讽刺不已，更重要的是整个篇章所呈现的亲切平等的态度显然不是送给这些“博学人物”的。鲁迅关注的是同他一样对于人生、生命有着真诚信念与态度但又多少还存在着某些疑虑的人。

此外，鲁迅还不厌其烦地对他所叙述的内容加以仔细说明、分析、交代（如《后记》中如此详尽的考证、说明），努力提供更多的“背景材料”，甚至附上图片。这似乎表明，这些内容都是“非绍兴人”“非鲁迅年龄阶段人”所不能知道的——虽然不知道，但他们这样的读者显然又对于鲁迅的人生经历充满了好奇与兴趣。

综合以上分析，我认为，一个显而易见的事实就是，鲁迅为自己选择的“隐含读者”应该是当时的青年。

当然，这是那些愿意接近鲁迅、与鲁迅交流的青年。鲁迅努力在与年青一代的沟通与对话中交流人生的观感与思考，寻觅自己的知音与同道。

后 记

参与中学语文教育，回答《朝花夕拾》在中学语文教学中的种种问题，是我们中国鲁迅研究会基础教育分会长期推动的工作，但是这一具体的“答疑”形式却是毕于阳老师设计的。为此，毕老师总结了自己丰富的中学教学经验，又在国内一些有代表性的中学的一线教师中征集教学问题，由他汇总、提炼为有价值的教育问题，然后交给我回答。这是一种跨界的教研活动，在高校从事鲁迅研究与教学的我必须回答中学语文的基本问题，有的问题属于语文教育的普遍性关切，也有的问题体现了当今语文教学的新的困难，甚至有的问题非常出乎我的预料，迫使我不得不重新思考基础语文的方向和路径。总之，这样的问答不仅仅是学者思想的“实践转化”，反过来也在很大的程度上令我对鲁迅研究的发展、中学语文的基础和目标等问题有了全新的思考，我自己也是收获很多。

最后，我想说明的是，我的回答仅仅是我此时此刻对鲁迅的一种个人理解，其中肯定有不少误读甚至知识的错误。更重要的是，这些回答绝不是“教学参考书”上的标准答案，不是我们在将来理解和认知《朝花夕拾》的根据。它们的最大价值可能就在于尽量“打开”过去相对封闭的教学思维，展示文学解读的更丰富的可能，因为“打开”而走入更广阔的“自由理解”的王国，这才是我们对话的目的，也是我们推动“答问”式教育的最大的目的。

此外，我们的“答问”的的确确是来自我与毕于阳老师的一问一答。书中文字来自对我们口语对话的整理，虽然作了书面化的修正，但为了呈现一些教学交流的原貌，最后也多少留下了一些口语对话的痕迹，与一般的论文语言有差异，还请读者多多见谅！

感谢北京师范大学出版社以高品质、高效率的方式让我们的教育理念得以实现，感谢出版社领导和编辑的辛勤工作！

最后，要特别感谢刘纳教授为“语文答问书系”作序。刘老师不仅是我们一代人在学术上的老师，也是在中学语文界从教多年的更年轻一代的老师。她对基础语文教育的睿智见识，一直给我启发和帮助。

李　怡

2024年元月于成都江安河畔

图书在版编目（CIP）数据

《朝花夕拾》答问录 / 李怡，毕于阳著．—北京：北京师范大学出版社，2025.3．—（语文答问书系）．ISBN 978-7-303-30412-7

Ⅰ．G633-302

中国国家版本馆CIP数据核字第2024W8V560号

ZHAOHUAXISHI DAWENLU

出版发行：北京师范大学出版社 https://www.bnupg.com
北京市西城区新街口外大街12-3号
邮政编码：100088

印　　刷：北京盛通印刷股份有限公司
经　　销：全国新华书店
开　　本：890 mm × 1240 mm　1/32
印　　张：9.25
字　　数：225千字
版　　次：2025年3月第1版
印　　次：2025年3月第1次印刷
定　　价：46.00元

策划编辑：禹明超　　责任编辑：钱君陶　周明子
美术编辑：王齐云　　装帧设计：王齐云
责任校对：丁念慈　　责任印制：赵　龙